Comment Caser nos Fils

EN VENTE A LA MÊME LIBRAIRIE

Ouvrages d'utilité pratique

Comment on doit gérer son capital et le faire fructifier, Manuel de Finance pratique, par Albert GUÉNARD (Volume honoré d'une souscription des principaux établissements de crédit) .... 0 fr. 95

Envoi franco contre 1 fr. 25

Dictionnaire de poche classique et grammatical, par Alexandre KELLER (le seul permettant de résoudre, sans le secours d'aucune grammaire, toutes les difficultés de la langue française), entièrement basé sur les nouveaux programmes et conforme aux tolérances orthographiques établies par le Conseil supérieur de l'Université.

Un volume petit in-32 de 832 pages, cartonné sous couverture couleur.............................. 1 fr. 50

Envoi franco contre 1 fr. 75

Le Théâtre en Famille, par Léon VALBERT, Recueil de petites pièces morales, instructives et faciles à jouer en société.

Un volume in-18 carré, sous couverture illustrée en couleur, *franco*............................. 3 fr. 50

A. BONNEFOY
Directeur de l'École d'Administration

COMMENT CASER NOS FILS

dans les Fonctions Publiques et Administratives

Guide universel du Père de Famille soucieux de l'avenir de ses Enfants et du Jeune Homme sur le point de se choisir une carrière.

PARIS
ALBERT MÉRICANT, ÉDITEUR
1, RUE DU PONT-DE-LODI, 1

COMMENT CASER NOS FILS

INTRODUCTION

Sommaire :

1° La jeunesse moderne et ses tendances. — 2° Les fonctions publiques et les carrières commerciales et industrielles. — 3° Les carrières administratives sont-elles des sinécures? — 4° Que faut-il penser du fonctionnarisme et des fonctionnaires? — 5° Comment l'État choisit ses fonctionnaires. Mécanisme des concours. — 6° Formalités à remplir par les candidats aux concours. — 7° Comment réaliser la meilleure préparation aux concours? — 8° L'École d'Administration du Sud de la France. Organisation et fonctionnement de cette École. — 9° Plan de cet ouvrage. — 10° Conclusion.

1° LA JEUNESSE MODERNE ET SES TENDANCES

Nul n'ignore qu'à notre époque de concurrence, la lutte pour l'existence revêt des caractères d'âpreté de plus en plus accentués. Il devient de plus en plus difficile de faire son chemin dans la vie, et le souci des pères de famille et des jeunes gens arrivés au moment de choisir une carrière est pleinement justifié par les difficultés qu'il y a de nos jours à se faire une situation qui mette à l'abri du besoin et assure une aisance au moins modeste pour l'avenir.

Cet état de choses n'a pas été sans inquiéter les pouvoirs publics et les personnalités qualifiées pour s'occuper avec autorité de la direction morale à donner à la jeunesse moderne. Après le magistral discours de Jules Lemaître, en 1898, qui aboutit à la fameuse enquête parlementaire sur l'enseignement, le débat fut largement ouvert sur cette question. Des hommes comme Hanotaux, Poincarré, Doumic, et avec eux l'élite intellectuelle de la France, furent appelés à donner leur avis sur ce qu'il convenait de faire pour mettre fin à l'encombrement général des carrières.

Ce qui surtout se dégage des dispositions qui furent recueillies sur cette question, c'est une tendance très accentuée à gloser sur le fonctionnarisme. Cette tendance s'est prolongée jusqu'à nos jours et il n'est pas rare de voir reprocher, sous des formes très diverses, à la jeunesse moderne, de dédaigner les carrières actives, pour se ruer vers les situations tranquilles, qui excluent l'effort individuel, l'initiative et l'esprit d'entreprise.

De grands penseurs de notre époque se sont faits, très éloquemment du reste, les échos de ce fâcheux état d'esprit ; cela a servi de prétexte pour affirmer l'impuissance de nos systèmes d'éducation et nous a valu en moins d'un quart de siècle plusieurs refontes de nos programmes scolaires.

Il y a bien un peu de vérité dans tout cela ; mais ici, comme dans toutes les questions qui passionnent une époque, on a, ce nous semble, beaucoup exagéré, et les apôtres de la vie active et intense seraient bien embarrassés, si, par une transformation radicale et subite de notre système social, on voyait disparaître d'un seul coup les administrations et les fonctionnaires qui paraissent les inquiéter si vivement. On a trop oublié, dans l'étude de ces questions, de tenir compte de la mentalité des jeunes gens, au moment de choisir une carrière.

2° LES FONCTIONS PUBLIQUES ET LES CARRIERES COMMERCIALES ET INDUSTRIELLES

On a oublié aussi que tout le monde ne peut pas être industriel, commerçant ou agriculteur. Il faudrait ignorer complètement les difficultés croissantes de la vie moderne et les conditions mêmes qui régissent les affaires, pour y pousser aveuglément la jeunesse.

Les affaires commerciales et industrielles ne sont accessibles qu'à un petit nombre d'individualités : elles exigent, de ceux qui veulent s'y livrer, des capitaux importants, un caractère bien trempé, et un ensemble de qualités qui ne sont pas données à tout le monde. Pour attirer la jeunesse de ce côté, on lui a fait entrevoir la perspective de situations plus lucratives, l'indépendance complète et la possibilité d'acquérir la richesse. Là aussi, il y a du vrai : malheureusement, cela n'est pas la règle, mais l'exception. En effet, pour un individu à qui la fortune sourit, combien sont-ils, ceux à qui elle est défavorable? Combien sont-ils, ceux qui perdent dans les affaires les quelques ressources constituant leur patrimoine familial, et plus encore, la considération publique et qui doivent couler le reste de leurs jours dans une misère souvent peu apparente, mais d'autant plus navrante?

Peut-on dire cependant que les insuccès soient toujours dus aux fautes commises? Peut-on affirmer qu'il suffise, pour réussir, de réunir certaines qualités précises susceptibles d'assurer le succès? Hélas! non, et c'est pourquoi, sans vouloir décourager ceux qui ont les moyens suffisants et dont le caractère assez fortement trempé leur permet d'envisager sans les craindre les difficultés et les risques des affaires, nous voulons indiquer aux autres, à ceux qui, épris de vie calme et tranquille, redoutent l'incertaine lutte, des carrières plus modestes, il est vrai, mais donnant plus de garanties de sécurité et d'avenir. Nous voulons parler des carrières administratives, lesquelles jouissent encore, auprès des jeunes gens et de leurs familles, d'une juste considération.

Malgré ce qu'on a pu en dire, il reste établi que ce sont elles qui assurent le fonctionnement de tous les services indispensables à la vitalité du pays. L'interruption, même momentanée, de ces services suspendrait instantanément la vie de la nation.

Ainsi donc, l'Agriculture, l'Industrie et les Affaires ne sont pas les seules branches d'activité ouvertes aux jeunes gens; et si, d'autre part, elles sont les éléments les plus puissants de la prospérité nationale, il est certain que de nombreux jeunes gens doivent chercher ailleurs leurs situations. Pour ces derniers, le choix ne saurait être douteux; entre les emplois subalternes du commerce, de l'industrie ou de l'agriculture, emplois essentiellement instables, et les fonctions publiques essentiellement stables, il n'y a pas lieu d'être surpris qu'ils préfèrent ces dernières : si elles ne se prêtent pas à l'acquisition de la richesse, elles assurent du moins à leurs titulaires une existence aisée et régulière.

3° LES CARRIERES ADMINISTRATIVES SONT-ELLES DES SINECURES?

Ces carrières, qu'un public ignorant s'imagine être des sinécures, sont au contraire des foyers d'activité intense, qui mettent en jeu une somme considérable de connaissances et de facultés. En effet, pour ne parler que des Travaux publics, croit-on que la construction et l'entretien des routes et des voies de communication ne sont pas, au même titre que l'industrie, susceptibles d'utiliser l'activité et les connaissances de ceux qui en ont la charge?

4° QUE FAUT-IL PENSER DU FONCTIONNARISME ET DES FONCTIONNAIRES?

On nous reprochera peut-être de prêcher le fonctionnarisme que d'aucuns affectent de considérer comme une plaie sociale, à qui ils attribuent la totalité des maux dont souffre notre société. Il est de bon ton, en effet, de couvrir les fonctionnaires d'un mépris commandé par la mode et de ne voir en eux que des *rats de budgets*. Nous ne saurions protester trop énergiquement contre de semblables allégations et, comme cette opinion a une tendance assez accentuée à se généraliser et à prendre corps, nous voulons démontrer qu'elle ne repose sur aucun fondement sérieux.

Nous sommes 40 millions de Français, et la statistique nous apprend qu'il y a en France 800.000 fonctionnaires, ce qui fait moins d'un fonctionnaire pour 40 habitants. Eh bien ! supposons un instant une collectivité composée de 40 individus isolés du corps social. A qui fera-t-on croire que ces 40 individus pourront se dispenser de déléguer, non pas un, mais plusieurs d'entre eux, pour assurer les services d'ordre, d'administration et d'utilité, communs à tous les membres de cette petite société ?

Est-ce que le fonctionnement de tous les services publics, qui font de la France un pays civilisé, services dont nous profitons tous et dont nous ne pourrions nous passer sous peine de rétrograder de plusieurs siècles, ne justifie pas cette proportion de fonctionnaires ?

Et, si nous considérons en outre que, dans le chiffre indiqué ci-dessus, sont compris les fonctionnaires qui président aux destinées de notre domaine colonial, lequel comprend plus de 50 millions d'habitants, nous constatons que cette proportion n'est pas atteinte.

On peut, conséquemment, estimer en toute vraisemblance que le chiffre actuel des fonctionnaires est pleinement justifié par le nombre et par l'importance des services auxquels ils sont délégués. Ce chiffre répond normalement aux besoins normaux d'un peuple civilisé, qui veut faire son profit de l'augmentation de bien-être que lui assurent les travaux et les progrès réalisés par les générations qui l'ont précédé.

Finissons donc une bonne fois pour toutes avec ces allégations fantaisistes qui représentent les fonctionnaires comme des valeurs négatives absorbant la richesse nationale sans contribuer à sa production. Ils constituent au contraire un ensemble d'activités indispensables au bon fonctionnement du corps social. Gardons-nous de nous plier à cette tendance, naturelle à notre mentalité moderne, qui nous porte à généraliser certains faits et à les exagérer. L'origine de ces appréciations sur le fonctionnarisme, qui sont devenues des lieux communs fastidieux à force d'avoir été répétés par la presse de tous les partis, remonte à des abus plus ou moins caractérisés qui se produisent dans les administrations comme ils peuvent se produire dans toutes les branches de l'activité humaine. Ces abus ont servi de pâture aux différents partis politiques qui les ont exploités tour à tour ; mais, il faut le dire bien haut, ce sont des exceptions rares, qui ne peuvent en aucune façon porter atteinte au mérite des fonctionnaires français.

5° COMMENT L'ETAT CHOISIT SES FONCTIONNAIRES

MECANISME DES CONCOURS ET PREPARATION QU'ILS COMPORTENT

L'importance même des carrières administratives oblige l'Etat à opérer une sérieuse sélection parmi les candidats qui les sollicitent ; c'est pourquoi, l'accès en est ouvert d'une façon générale par voie de concours. D'autre part, il y a une grande diversité de fonctions : les unes purement sédentaires, les autres essentiellement actives, s'adressent à des jeunes gens de mentalité et de tempérament très divers. Il convient donc qu'avant de solliciter un emploi administratif quelconque les jeunes gens en connaissent très exactement les obligations et les charges. Cette recommandation n'est pas inutile et notre expérience nous a amenés souvent à constater que beaucoup de candidats ignorent tout des carrières aux concours desquelles ils se préparent. Un certain nombre d'entre elles ont à la base de leur hiérarchie un «SURNUMERARIAT» plus ou moins long, pendant lequel les candidats sont peu ou point rétribués. Il va sans dire que celles-là ne conviennent pas à des jeunes gens obligés par les circonstances d'assurer leur entretien par la rétribution de leur travail.

Il ne suffit pas, pour réussir, d'avoir fait de bonnes études, d'avoir brillamment terminé ses classes. On voit, dans tous les concours, échouer des candidats qui réalisent pleinement ces conditions, alors que d'autres, de niveau intellectuel inférieur, sont admis. Cela ne signifie pas que les premiers doivent désespérer de leur savoir ; mais qu'ils ont négligé l'important de ce qu'il fallait faire pour réussir. Devant les jurys d'examen, il ne suffit pas de savoir ; mais il faut montrer qu'on sait, et, le moyen le plus sûr, le plus facile, celui qui est à la portée de tous les candidats, c'est de s'attacher à la forme des compositions. Il y a là un moyen facile de se distinguer, et pourtant c'est la cause des échecs les plus surprenants.

D'autre part, la complexité des matières des programmes oblige les candidats à une méthode de travail qui ne leur est pas toujours familière : ils doivent s'attacher à discerner les parties les plus importantes et s'appliquer à les mettre en valeur.

Nos lecteurs s'entendront dire parfois que la préparation aux concours des administrations ne nécessite pas beaucoup d'efforts et qu'il suffit, pour s'y présenter, de se rémémorer les connaissances acquises sur les bancs de l'Ecole ou du Lycée. Qu'ils ne s'y laissent point prendre ; cela serait vrai peut-être, s'il suffisait pour être admis de passer un examen plus ou moins brillamment ; or ce n'est pas d'examens qu'il s'agit, mais de concours, et de concours réunissant des candidats infiniment plus nombreux que le nombre des postes à pourvoir. Il y a donc nécessité absolue de justifier de connaissances plus étendues que la plupart des concurrents, si on veut être admis.

Par conséquent, le premier, le suprême conseil qui doit être donné aux candidats aux emplois administratifs, c'est d'abord de bien étudier le programme du concours et ensuite d'en approfondir toutes les parties, en s'attachant particulièrement aux matières qui constituent la partie technique des administrations où ils désirent entrer. Cela constitue la connaissance exacte du but à atteindre. Une fois cette connaissance acquise, il ne reste plus qu'à employer les moyens les mieux appropriés pour atteindre le but. En l'espèce, ces moyens consisteront en l'étude méthodique de toutes les matières du programme, en première ligne desquelles il convient d'indiquer celles qui font l'objet des compositions écrites.

Les candidats doivent bien se pénétrer que les épreuves écrites des concours ont pour objet principal d'opérer une première sélection parmi les concurrents et de faire une première élimination qui diminue leur nombre pour l'oral. Les épreuves orales complètent cette élimination et permettent de procéder au classement définitif des candidats admis.

Les nominations ont lieu ensuite, dans l'ordre du classement, au fur et à mesure des nécessités.

6° FORMALITES A REMPLIR PAR LES CANDIDATS POUR ETRE ADMIS A PARTICIPER AUX CONCOURS

Les candidats aux divers emplois publics et administratifs dans lesquels on accède par voie de concours ont à accomplir les diverses formalités suivantes :

1° Adresser une demande écrite à l'Agent désigné à cet effet par l'Administration dans laquelle ils sollicitent l'entrée ;

2° Justifier qu'ils jouissent de la qualité de Français ou qu'ils ont été naturalisés ;

3° Justifier qu'ils présentent les conditions requises pour être admis au concours ;

4° Ils doivent en outre joindre à leur demande les pièces suivantes :

I. Expédition légalisée de leur acte de naissance ;

II. Certificat de bonne vie et mœurs ;

III. Extrait du casier judiciaire remontant à moins de trois mois et quelquefois à moins de un mois ;

IV. Une note sur leurs antécédents ;

V. Une pièce établissant leur situation au point de vue militaire ;

VI. Leurs diplômes, brevets ou autres certificats ou bien des copies dûment certifiées de ces pièces.

Les concours sont annoncés un certain nombre de semaines ou de mois à l'avance. A dater de ce moment, les candidats peuvent se faire inscrire. Les registres d'inscriptions sont clos à des époques déterminées, afin de permettre aux administrations de faire procéder à des enquêtes officieuses dont le but est de vérifier l'exactitude et l'authenticité des pièces produites par les postulants.

Les demandes qui sont faites après la clôture des registres d'inscription ne peuvent avoir d'effet que pour l'année suivante.

Telles sont, rapidement indiquées, les formalités qui doivent être accomplies par les candidats, pour obtenir leur admission aux concours. Si leur admission est prononcée, ils sont convoqués individuellement pour en subir les épreuves. C'est évidemment la principale difficulté, et c'est à la préparation de ces épreuves qu'ils doivent apporter tous leurs efforts.

7° COMMENT REALISER LA MEILLEURE PREPARATION AUX CONCOURS?

La préparation à ces concours présente, on le voit, des difficultés sérieuses, résultant, tant de l'étendue et de la complexité des matières qui en font l'objet, que du nombre des concurrents ; aussi la nécessité d'un guide sûr, éclairé et compétent, s'impose de plus en plus aux candidats, et constitue désormais la condition essentielle du succès.

Ce guide leur a fait longtemps défaut, en Province. Nos lecteurs savent sans doute que Paris a vu éclore, depuis quelques années, un certain nombre d'établissements scolaires, d'un type nouveau, qui, sous des dénominations variées, ont pour objet la préparation aux concours qui ouvrent l'accès des carrières de l'Etat.

8° L'ECOLE D'ADMINISTRATION DU SUD DE LA FRANCE

ORGANISATION ET FONCTIONNEMENT DE CETTE ECOLE

Nous avons voulu combler cette lacune, en créant, à Marseille, l'Ecole d'Administration du Sud de la France.

L'accueil fait à notre initiative par les familles et les jeunes gens qui sont venus à nous de toute la Provence, prouve combien nous avons eu raison d'implanter, dans la région du Sud de la France, une Ecole similaire à celles de Paris, qui comptent par milliers leurs élèves et leurs succès annuels aux divers concours. A défaut d'autres avantages plus ou moins appréciables, cette Ecole présente du moins celui de préparer ses élèves à la vie réelle, en leur procurant, dans une mesure très large, des carrières d'avenir, susceptibles de les mettre à tout jamais à l'abri du besoin et des soucis de la lutte pour l'existence. Nous savons que cette particularité est très appréciée de nos jours.

En raison de cet avantage indiscutable, nous ne croyons pas pouvoir nous dispenser de mettre, sous les yeux de nos lecteurs, un court aperçu sur l'organisation et le fonctionnement de cette école.

L'Ecole d'Administration du Sud de la France a pour objet de faciliter aux jeunes gens et adultes l'accession aux emplois publics et administratifs, en les préparant, par un enseignement approprié, à subir les épreuves des concours d'admission.

On peut diviser les emplois publics et administratifs en trois catégories :

1° Les emplois subalternes, comme le service actif des douanes, la police, pour lesquels on exige des connaissances très élémentaires de français et de calcul ;

2° Les emplois qui font suite à l'enseignement primaire supérieur ou secondaire, et qui sont accessibles aux candidats non diplômés, comme par exemple : les carrières des postes et télégraphes, des contributions indirectes, de l'assistance publique, des travaux publics, etc., etc.

3° Les emplois qui, faisant suite à l'enseignement secondaire, ne sont accessibles qu'aux candidats pourvus du baccalauréat ou d'autres diplômes.

Ces deux dernières catégories de carrières obligent les candidats à une préparation sérieuse et méthodique.

Le nombre de ceux qui les sollicitent oblige les diverses administrations à accentuer chaque année les difficultés des épreuves d'admission, à tel point qu'une préparation spéciale s'impose de plus en plus à ceux qui sont désireux de réussir. C'est cette préparation que l'Ecole d'Administration offre aux candidats. Elle possède une organisation assez souple pour lui permettre de s'adapter à toutes les situations des jeunes gens qui sollicitent leur admission aux diverses carrières administratives. A cet effet, elle a créé :

1° Des cours normaux qui fonctionnent toute la journée, comme dans les établissements scolaires ordinaires. Ces cours reçoivent les élèves tous les jours, jeudi et dimanche exceptés, de 8 heures à midi, et de 2 heures à 6 h. 1/2 ;

2° Des cours du soir, qui ont lieu à des jours déterminés, de 8 h. 1/2 à 10 heures du soir.

3° Des cours par correspondance.

* * *

Les élèves sont admis dans les cours normaux à partir de l'âge de 14 ans jusqu'à 25 ans. Ils reçoivent à l'Ecole un enseignement portant exclusivement sur les matières qui font l'objet du ou des concours qu'ils préparent.

L'enseignement est donné de 8 à 10 heures et de 2 à 4 heures. Après les cours, les élèves font leurs devoirs en étude, de 10 h. 30 à midi et de 4 h. 30 à 6 heures, sous la surveillance des répétiteurs qui les aident dans l'exécution de leurs travaux.

La préparation faite dans ces conditions est extrêmement sérieuse, les élèves sont habitués de longue main à traiter les sujets analogues à ceux qui seront donnés dans les administrations et ils subissent fréquemment des examens oraux, qui constituent le meilleur entraînement en vue des concours.

Les élèves peuvent être autorisés à faire leurs devoirs chez eux et à quitter l'Ecole tous les jours à 10 heures et à 4 heures.

L'Ecole reçoit dans les cours normaux des externes et des pensionnaires.

* * *

Les cours du soir fonctionnent parallèlement aux cours du jour pour la préparation aux divers concours. Ils ont lieu de 8 h. 30 à 10 h. du soir, trois à six fois par semaine, suivant les programmes, la durée de la préparation et le temps qui reste à courir jusqu'à la date des concours.

* * *

Les cours par correspondance sont destinés aux jeunes gens de la région du Sud de la France à qui leurs occupations ne permettent pas l'assistance aux cours normaux ou aux cours du soir.

L'enseignement par correspondance de l'Ecole d'Administration est organisé en tenant compte :

1° Du temps qui sépare le commencement de la préparation de la date du concours ;

2° De l'état général des connaissances de l'élève dans les diverses matières des programmes.

Cet enseignement est essentiellement individuel. Les professeurs se consacrent à chacun des élèves en particulier, ils leur donnent des exercices exactement en rapport avec leurs aptitudes et leur prescrivent la méthode de travail la mieux appropriée à leurs moyens.

Les cours par correspondance peuvent être suivis en dehors des occupations journalières. A ce titre, ils s'adressent tout particulièrement aux jeunes gens déjà en possession d'un emploi et leur offrent ainsi un moyen commode et discret d'améliorer leur situation.

Pour chaque préparation, l'Ecole fait d'abord à l'élève un premier envoi d'exercices destiné à donner aux professeurs la notion du degré exact des connaissances de l'élève dans les différentes matières. Après cela, commence le véritable travail de la préparation, et l'Ecole envoie aux élèves :

1° Un plan d'études gradué de manière à permettre aux candidats d'acquérir rapidement et sûrement toutes les connaissances composant le programme du concours auquel ils se préparent ;

2° Périodiquement (chaque semaine ou tous les 10 jours) une série d'exercices dans lesquels les professeurs font entrer toute la substance des programmes. Dès que ces devoirs sont faits, l'élève les envoie à l'Ecole qui les lui retourne dans le délai d'une semaine ou de dix jours, soigneusement corrigés et annotés par des professeurs spécialistes.

L'ensemble de ces devoirs donne lieu à l'établissement d'une fiche spéciale ou le Directeur des Etudes consigne son appréciation sur l'ensemble des épreuves et indique à l'élève les points sur lesquels il doit particulièrement porter son attention ;

3° L'indication des ouvrages d'études nécessaires aux candidats. Ces derniers peuvent se les procurer, soit en les demandant aux éditeurs, soit en les demandant à l'Ecole qui les adresse franco par retour du courrier, à ceux qui lui en font parvenir la commande, accompagnée d'un mandat ou d'un bon de poste.

Chaque préparation par correspondance est organisée pour une durée normale de 6 mois ; mais cette durée n'a rien d'absolu : elle peut être plus longue ou plus courte, suivant le temps dont dispose l'élève et le délai qui sépare le commencement de la préparation et la date du concours.

9° PLAN DE CET OUVRAGE

Ceci dit, la disposition du présent ouvrage nous oblige à quelques explications.

Contrairement à toutes les publications de ce genre, nous n'avons pas adopté la méthode de la division par ministères : nous avons divisé notre travail suivant la catégorie de jeunes gens qu'il peut intéresser.

Dans la première partie, nous avons traité des carrières accessibles aux jeunes gens ne possédant qu'une instruction primaire élémentaire.

Dans la deuxième partie, nous avons traité des carrières accessibles aux jeunes gens ayant fait des études primaires supérieures ou secondaires, mais qui ne possèdent aucun diplôme universitaire.

La troisième partie comprend les carrières accessibles aux candidats possédant au moins le baccalauréat.

Enfin, dans la quatrième partie, nous avons étudié les carrières qui nécessitent, de la part des candidats, outre une instruction secondaire sanctionnée par le baccalauréat, des études supérieures ou spéciales complémentaires.

Nous espérons que cette division de notre travail facilitera les recherches de nos lecteurs.

10° CONCLUSION

Enfin, nous n'avons pas énuméré ici *toutes les fonctions* administratives : cela nous aurait entraînés à des développements que ne comportent pas les dimensions de ce volume. En outre, les carrières que nous avons passées sous silence ne sont accessibles qu'à des candidats déjà titulaires d'emplois dans les administrations : ce sont des carrières d'avancement auxquelles on ne peut accéder qu'à la condition d'être déjà dans la place. Le titre même de notre ouvrage : *Comment caser nos fils*, nous dispense de les aborder.

Cependant, si quelques-uns de nos lecteurs désirent pousser plus avant leurs investigations dans le champ exceptionnellement vaste des emplois publics et administratifs, nous les renvoyons à un autre ouvrage que nous avons publié sous le titre de *Répertoire général des emplois publics et administratifs*. Ils y trouveront les renseignements les plus précis et les plus complets sur la hiérarchie, les traitements, le recrutement et l'avancement de notre organisme administratif contemporain.

Marseille, le 1er février 1910.

ANT. BONNEFOY.

PREMIÈRE PARTIE

EMPLOIS ADMINISTRATIFS ACCESSIBLES AUX JEUNES GENS POSSÉDANT UNE INSTRUCTION PRIMAIRE ÉLÉMENTAIRE

Sommaire :

1° Programme du certificat d'études primaires élémentaires. — 2° Postes et Télégraphes. — 3° Octrois. — 4° Police. — 5° Administration pénitentiaire. — 6° Transports. — 7° Douanes. — 8° Contributions indirectes. — 9° Manufactures de l'État. — 10° Hôpitaux et Hospices. — 11° Cantonniers.

1° CERTIFICAT D'ETUDES PRIMAIRES ELEMENTAIRES

Bien que le certificat d'études primaires ne constitue pas un grade ni un diplôme universitaire, sa possession est très utile, sinon nécessaire à beaucoup de jeunes gens. C'est pourquoi nous ne saurions trop recommander aux familles de le faire obtenir par leurs jeunes enfants, même si ces derniers doivent faire des études plus complètes et plus approfondies, soit dans l'enseignement primaire supérieur, soit dans l'enseignement secondaire. Pour l'accès aux fonctions que nous avions mentionnées dans la première partie de cet ouvrage, la possession du certificat d'études primaires est, ou indispensable, ou fort utile. Pour ce motif, nous nous sommes crus obligés d'en citer ci-dessous le programme complet.

Programme des examens pour l'obtention du certificat d'études primaires élémentaires

Le certificat d'études primaires est décerné après un examen public auquel les enfants peuvent se présenter dès l'âge de onze ans.

Les commissions cantonales d'examen se réunissent, à la fin de chaque année scolaire, soit au chef-lieu du canton, soit dans la commune désignée à cet effet. Des dames font partie de ces commissions pour l'examen des jeunes filles.

Les pères des candidats qui ne suivent aucune école doivent fournir au maire, qui le transmet à l'inspecteur primaire, un état portant les nom et prénoms, la date et le lieu de naissance, la demeure de la famille, la signature du candidat.

L'examen comprend des épreuves écrites et des épreuves orales : ces dernières sont publiques.

Les épreuves écrites consistent en :

1° Une dictée d'orthographe de quinze lignes au plus. (Le point final de chaque phrase est indiqué. Le texte est lu préalablement à haute voix, dicté, puis relu, et cinq minutes sont accordées aux candidats pour se corriger.)

La dictée peut servir d'épreuve d'écriture courante ;

2° Deux questions d'arithmétique portant sur les applications du calcul et du système métrique, avec solution raisonnée ;

3° Une rédaction d'un genre simple portant, suivant un choix préalable à faire par l'inspecteur d'Académie, sur l'un des trois ordres de sujets ci-après : A — instruction morale ou civique ; B — histoire et géographie ; C — notions élémentaires avec leurs applications.

Il est ajouté :

1° Pour les garçons, une quatrième épreuve écrite comptant seulement pour l'admission définitive et comprenant, pour les écoles rurales, une ou plusieurs questions choisies dans le programme du cours moyen. Cette épreuve d'agriculture ou de dessin peut être remplacée par une épreuve portant sur les leçons de choses appropriées à la profession du marin et du pêcheur, pour les élèves inscrits dans les écoles du littoral où cet enseignement est obligatoirement donné ;

2° Pour les jeunes filles, un travail de couture usuel.

Les candidats peuvent présenter à la commission à titre de renseignement, un cahier de devoirs mensuels ou un cahier de devoirs courants.

Une heure est accordée pour chacune des épreuves de calcul, rédaction et couture, ainsi que l'agriculture ou dessin. Le mérite de chaque épreuve est apprécié par une note dont le maximum est 10.

La nullité d'une épreuve entraîne l'élimination.

Les compositions sont corrigées séance tenante par les membres de la commission.

Ne sont admis aux épreuves orales que les candidats qui ont obtenu, pour la première série d'épreuves (en en exceptant l'agriculture et le dessin), au moins la moyenne des points, c'est-à-dire 20 pour les garçons et 25 pour les filles.

Les épreuves orales comprennent :

1° Une lecture expliquée accompagnée de la récitation d'un morceau choisi sur une liste présentée par le candidat ;

2° Des questions d'histoire et de géographie.

Ces épreuves sont appréciées au moyen d'une note variant de 0 à 10.

La durée de l'ensemble des épreuves ne peut excéder un quart d'heure pour chaque candidat.

Les points obtenus pour les épreuves orales sont ajoutés aux points obtenus pour les épreuves écrites. Nul n'est définitivement déclaré apte à recevoir le certificat d'études, s'il n'a obtenu la moitié au moins du total maximum des points accordés pour les deux séries d'épreuves, soit 35 points pour les garçons et pour les filles. Outre les matières ci-dessus énoncées, l'examen peut comprendre, pour les jeunes filles, un exercice de dessin linéaire ou d'ornement. Cette épreuve facultative peut également être subie, sur leur demande, par les élèves des écoles rurales de garçons, pour lesquels l'épreuve d'agriculture est seule obligatoire. Il est fait mention, sur le certificat, des matières complémentaires pour lesquelles le candidat a obtenu au moins la note 5.

Le certificat est délivré par l'inspecteur d'Académie.

Certificat avec mention d'études primaires complémentaires

Les élèves qui ont suivi un cours complémentaire peuvent, à la fin de l'année scolaire, demander à subir, sur les matières enseignées dans ce cours, un examen qui se passe dans les mêmes formes que l'examen pour le certificat d'études élémentaires.

Mention des notes obtenues par les élèves qui satisfont à ces épreuves, est faite sur le certificat d'études primaires élémentaire, sous la rubrique : Mention d'études primaires complémentaires.

2° ADMINISTRATION DES POSTES, TELEGRAPHES ET TELEPHONES

L'Administration des Postes, Télégraphes et Téléphones, par le nombre de ses agents ou sous-agents, par la nature des services qu'elle assure, est la plus importante de nos administrations civiles. Ses facteurs ruraux, facteurs de ville ou facteurs boîtiers, courriers convoyeurs, etc., sillonnent la France jusque dans les moindres villages. Avec ses receveurs, ses gérants et ses inspecteurs, elle constitue une véritable armée, possédant des corps de troupe et des états-majors, avec une hiérarchie particulière dont tous les échelons peuvent être franchis par ceux de ses agents qui savent vouloir et mériter.

Ses cadres comprennent :

1° Des emplois de sous-agents, qui sont attribués sans examen aux jeunes gens, anciens militaires de préférence, ayant fait des études primaires ;

2° Des emplois d'agents et d'agents techniques qui sont attribués à la suite de divers concours ;

3° Des emplois supérieurs qui sont attribués :

a) En principe, à ceux des agents qui ont fait un stage à l'Ecole professionnelle supérieure des Postes et Télégraphes ;

b) A certains agents particulièrement bien notés, qui ont acquis, par des services exceptionnels, des titres à leur nomination à ces emplois.

*
* *

Nous avons réservé pour un autre chapitre l'étude des emplois d'agents, ainsi que celle des emplois supérieurs ; nous nous bornerons donc à indiquer ici les conditions de recrutement et de traitement des sous-agents.

Jeunes facteurs

Le recrutement des jeunes facteurs des P.T.T. se fait au choix. Les candidats doivent adresser leur demande au directeur départemental des Postes de leur région.

Ils doivent, en outre, posséder le certificat d'études et être âgés de 12 à 15 ans.

Les jeunes facteurs reçoivent des traitements variant entre 500 et 900 francs.

Sous-agents divers

Le cadre des sous-agents des Postes et Télégraphes comprend : les facteurs locaux et ruraux, facteurs des postes à Paris, les gardiens de bureaux, facteurs receveurs, les chargeurs et les brigadiers facteurs.

1° *Facteurs locaux et ruraux*

Les emplois de facteurs locaux et ruraux sont attribués au choix aux candidats qui réunissent les conditions suivantes :

1° Avoir satisfait à la loi militaire ;

2° Etre Français ;

3° Savoir lire, écrire et compter ;

4° Etre âgé de 30 ans au plus.

Pour les candidats comptant des années de service valables pour la retraite, la limite d'âge est reculée d'un nombre d'années égal, sans toutefois pouvoir dépasser 40 ans.

Les facteurs locaux et ruraux sont rétribués ainsi qu'il suit :

Ou ils reçoivent des allocations variables calculées sur les bases de 0 fr. 725 par kilomètre.

Ou ils reçoivent un traitement fixe qui peut varier entre 850 et 1.200 francs.

2° *Facteurs des villes dans les départements et à Paris*

Les emplois de facteurs de villes dans les départements sont attribués aux anciens militaires de quatre ans, de préférence gradés, dans les mêmes conditions que les emplois de facteurs ruraux.

Les traitements des facteurs de villes sont de 1.100 à 1.700 francs.

3° *Facteurs receveurs*

Les facteurs receveurs sont choisis parmi les sous-agents des postes de toutes les catégories, qui satisfont aux épreuves d'un concours qui comporte les matières suivantes :

Calcul ;
Géographie ;
Rédaction.

Les traitements des facteurs receveurs varient entre 1.000 et 1.400 francs.

4° *Brigadiers-facteurs*

Les brigadiers-facteurs sont choisis parmi les sous-agents de toutes catégories, bien notés, âgés de 30 à 35 ans, qui satisfont aux épreuves d'un concours portant sur les matières suivantes :

Orthographe ;
Ecriture ;
Rédaction.
Arithmétique et questions professionnelles.

Les traitements des brigadiers facteurs sont de 1.400 à 2.800 francs.

5° *Emplois auxiliaires*

Lorsque les besoins du service l'exigent, l'administration des P. T. T. emploie, au titre d'auxiliaires, un certain nombre d'employés qui peuvent, dans la suite, être titularisés. Ces employés sont recrutés sur place par les directeurs, parmi les anciens militaires et particulièrement parmi les candidats facteurs.

6° *Personnel ouvrier des P. T. T.*

Le recrutement de ce personnel se fait de préférence parmi les anciens militaires gradés ou non, âgés de 30 ans au plus, justifiant d'une moralité irréprochable, possédant l'aptitude aux travaux manuels et sachant lire et écrire.

Le personnel ouvrier des Postes et Télégraphes reçoit des salaires de 5 à 10 francs par jour.

3° OCTROI DE PARIS

L'Octroi de Paris est administré en régie sous l'autorité du Préfet de la Seine et sous la surveillance du Directeur des Contributions indirectes.

En Province, de nombreuses villes possèdent des Octrois et elles recrutent leur personnel dans des conditions qui dépendent d'elles seules ; c'est pourquoi, ne pouvant indiquer ici des règles communes à toutes les administrations municipales, nous nous bornons à signaler les conditions de recrutement de l'Octroi de-Paris, en faisant observer à nos lecteurs que les municipalités de province sont beaucoup moins difficiles pour le recrutement de leur personnel que la ville de Paris. En conséquence, l'admission dans le personnel des Octrois de province présente moins de difficultés qu'à Paris.

Elèves commis d'octroi à Paris

Le recrutement des élèves commis d'octroi se fait au moyen d'un concours portant sur les matières suivantes :

Ecriture ;
Orthographe ;
Calcul ;
Rédaction ;

Sont seuls admis à concourir les candidats âgés de 13 ans au moins et munis du certificat d'études primaire.

Les élèves Commis d'Octroi reçoivent des traitements de 400 francs au début, qui peuvent s'élever à 750 francs.

Agents du service actif

Les agents du service actif de l'Octroi de Paris sont au nombre de 2.139.

Ils reçoivent les appointements ci-après :
(5 classes) 2.100 ; 2.250 ; 2.400 ; 2.550 ; 2.650 fr.
Ils sont recrutés dans les conditions suivantes :
1° Trois quarts des vacances sont attribués aux anciens sous-officiers rengagés, comptant au moins dix ans de service, dont quatre comme sous-officiers, et jouissant d'une santé robuste ;
2° Un quart par voie de concours, qui porte sur les matières suivantes :
Ecriture ;
Arithmétique ;
Rédaction ;
Peuvent seuls concourir les candidats ayant satisfait à la loi militaire et âgés de plus de 21 ans et de moins de 30 ans.

Sous-brigadiers

Les sous-brigadiers sont au nombre de 864, et, reçoivent les appointements ci-après : (3 classes) 2.650 ; 2.800 ; 2.950 francs.
Ils sont choisis parmi les agents du service actif qui ont subi avec succès un examen spécial. Cet examen comporte deux séries d'épreuves qui peuvent être passées ensemble ou séparément.
Les candidats reconnus admissibles à la 1re série conservent indéfiniment le bénéfice de cette admissibilité.

Epreuves de la 1re série

Les épreuves de la première série portent sur les matières suivantes :
Orthographe ;
Arithmétique ;

Géométrie ;
Questions sur le tarif.

Epreuves de la 2e série

Questions sur le service d'octroi et rédaction d'un procès-verbal.

Epreuve pratique

Cette épreuve comporte le mesurage, jaugeage et pesage des spiritueux.

Brigadiers et Jaugeurs

Ce service comprend :
137 Brigadiers et 115 jaugeurs, aux appointements ci-après : (3 classes)
3.100 ; 3.300 ; 3.600 francs.
Les brigadiers sont nommés à la 3e classe parmi les anciens sous-brigadiers ayant subi avec succès un examen, portant sur les matières suivantes :

Epreuves écrites

1° Orthographe ;
2° Rédaction sur un sujet du programme (suite du service des entrepôts, contentieux, principes de droit usuel) ;
3° Questions sur la réglementation et le fonctionnement de l'octroi ;
4° Rédaction d'un procès-verbal ;

5° Arithmétique, géométrie, physique et chimie élémentaires.

Epreuve pratique

Mesurage et jaugeage, pesage des spiritueux.

Emplois supérieurs du service actif

Les emplois supérieurs de ce service, tels que contrôleurs, sous-inspecteurs et inspecteurs sont réservés à l'avancement des brigadiers, sous-brigadiers et agents.

Ils comprennent :

37 Contrôleurs aux appointements ci-après : (3 cl.)
4.440 ; 4.920 ; 5.400 francs.

6 Sous Inspecteurs aux appointements ci-après : (3 classes).
5.900 ; 6.400 ; 6.900 francs.

5 Inspecteurs aux appointements ci-après : (3 cl.).
7.800 ; 8.400 ; 9.000 francs.

Service des recettes

Le recrutement de ce service s'opère par la nomination au grade de commis des candidats admissibles à la suite du concours suivant :

Epreuves écrites

Ecriture courante ;
Tracé graphique ;
Orthographe ;
Arithmétique ;
Rédaction sur un sujet administratif.

Epreuves orales

Droits civil et administratif élémentaires ;
Comptabilité ;
Contentieux ;
Entrepôts ;
Service de l'octroi.

Sont seuls admis à prendre part à ce concours :

1° Pour les deux tiers, les employés du service actif comptant deux ans de service ;

2° Pour un tiers, tous les autres candidats licenciés ou docteurs en médecine ou anciens élèves d'une Ecole du gouvernement.

L'avancement aux grades de commis principaux, sous-chefs et chefs s'opère par avancement direct au choix ou à l'ancienneté, parmi les commis recrutés à l'aide de ce concours.

Le service des recettes comprend les emplois suivants :

28 receveurs (4 classes) aux traitements de :
4.900 à 10.300 francs.

68 Commis de recettes (10 classes) aux traitements de :
1.800 à 4.000 francs.

51 Commis auxiliaires (4 classes) aux traitements de:
1.200 à 1.750 francs.
45 Elèves-Commis, aux traitements de:
400 à 700 francs.

4° POLICE

Gardiens de la paix et sergents de ville

Les gardiens de la paix et sergents de ville sont recrutés parmi, de préférence, les anciens militaires de quatre ans réunissant les conditions suivantes:
Constitution robuste;
Taille minima: 1 m. 70.
Examen d'aptitude montrant que le candidat possède une instruction suffisante pour rédiger un rapport de service. Les demandes doivent être adressées au préfet de police, à Paris. Les candidats doivent remplir les conditions suivantes:
1° Etre Français;
2° Etre âgé de plus de 21 ans et de moins de 30 ans;
3° Avoir satisfait à la loi sur le recrutement de l'armée;
4° N'avoir subi aucune condamnation;
5° Avoir obtenu un certificat de bonne conduite au régiment;

6° Passer à la Préfecture une visite médicale ;
7° Joindre les pièces suivantes :
a) Extrait de l'acte de naissance légalisé ;
b) Extrait du casier judiciaire ;
c) Livret militaire ;
d) Diplômes s'il y a lieu.

Secrétaires de commissariat

Le recrutement des secrétaires de police a lieu par voie de concours.

Pour être admis à prendre part à ce concours, les candidats doivent réunir les conditions suivantes :

1° Avoir plus de 21 ans et moins de 30 ans ;

2° Avoir satisfait à la loi militaire sans exemption ni réformes ;

3° Etre d'une constitution robuste, avoir une taille minima de 1 m. 68 sans chaussures ;

4° N'avoir subi aucune condamnation, même à la plus légère amende ;

5° Avoir obtenu un certificat de bonne conduite au régiment.

Carrière

Les candidats reçus à la suite de ce concours sont nommés secrétaires suppléants dans l'ordre de leur admissibilité.

Ils débutent avec un traitement de 1.800 francs en province, et de 2.400 francs à Paris.

Après un stage plus ou moins long, ils sont titularisés. Les secrétaires de police sont admis à prendre part au concours pour le recrutement des commissaires de police ou des officiers de paix à Paris.

Concours

Le concours a lieu, à Paris, à la Préfecture de police et en province dans les Préfectures des départements. Les candidats passent d'abord une visite médicale et subissent ensuite les épreuves du concours, qui comporte :

1° Une dictée ;

2° Un rapport sur un sujet donné ;

3° Une question de droit administratif ou criminel (notions sur l'organisation judiciaire de la France. Code pénal : articles 1 à 9, 59 à 62, 270, 380, 405, 464 à 470. Organisation et fonctionnement des tribunaux de simple police).

Un concours pour l'admission à l'emploi de Secrétaire suppléant de police a lieu en général chaque année.

5° ADMINISTRATION PENITENTIAIRE

Gardiens et greffiers

Pour être admis comme surveillant ou gardien stagiaire, dans l'administration pénitentiaire, il faut avoir 21 ans au moins et 32 ans au plus.

Le minimum de taille exigé est de 1 m. 65 sans chaussures.

La totalité des emplois de gardiens est réservée aux anciens militaires gradés de quatre ans ; ce n'est qu'en cas d'insuffisance des candidats de cette catégorie, que les candidats civils peuvent être admis.

Les candidats sont astreints à une visite médicale à passer au siège de la circonscription pénitentiaire ; en outre ils doivent subir un examen portant sur le français, l'arithmétique, l'histoire et la géographie, et des notions sommaires sur la comptabilité et l'administration pénitentiaire.

Ils doivent adresser au ministre de l'Intérieur :

1° Une demande sur papier timbré ;

2° Une copie authentique sur timbre de leur acte de naissance ;

3° Un extrait de leur casier judiciaire délivré par le greffe de l'arrondissement de leur lieu de naissance (ce document est sans valeur, s'il remonte à plus d'un mois de date) ;

4° Un certificat médical ;

5° Leurs pièces militaires (copie certifiée conforme du certificat de bonne conduite sous les drapeaux, copie certifiée conforme de l'état signalétique et des services).

6° Un certificat de bonne vie et mœurs ;

7° Une photographie récente.

Les gardiens ou surveillants stagiaires ne sont titularisés, s'il y a lieu, gardiens et surveillants ordinaires qu'après un stage de trois mois au moins et de six mois au plus. Ils sont titularisés par arrêté ministériel, sur la proposition des autorités locales.

Les emplois de gardiens et surveillants commis greffiers, sont attribués uniquement aux gardiens ordinaires qui ont subi avec succès un examen professionnel.

Il en est de même pour les emplois de gardien ordinaire du service des transfèrements cellulaires qui, en outre, ne peuvent être attribués qu'aux gardiens ordinaires comptant au minimum cinq ans de services et ayant une taille de 1 m. 70.

Les gardiens de l'administration pénitentiaire reçoivent des traitements variant entre 1.000 francs et 1.700 francs, suivant qu'ils sont attachés à des maisons centrales ou à des maisons d'arrêt de la province ou de la Seine.

6° TRANSPORTS

Compagnies de tramways

Le personnel des Compagnies de Tramways est recruté au choix. Il comprend :

1° Des ouvriers ;

2° Des wattmans ;

3° Des conducteurs.

L'exploitation des diverses compagnies est organisée suivant les prescriptions d'un cahier des charges, et fonctionne dans les conditions suivantes qui sont, à peu de chose près, communes à toutes les Compagnies, soit de Paris, soit des réseaux urbains de la province.

Salaires : 100, 150, 175, 200 francs par mois, suivant les Compagnies.

Durée maxima du travail : 60 à 70 heures par semaine, suivant les Compagnies.

Repos hebdomadaire : assuré.

Congés : 10 à 12 jours par an rétribués.

Périodes militaires : demi-solde ou salaire intégral, suivant les Compagnies.

Accidents du travail : Loi du 9 avril 1898, demi-salaire pendant la durée de l'incapacité, frais médicaux et pharmaceutiques.

Maladies : demi salaire (ou salaire intégral pendant 90 jours et demi-salaire pendant 90 autres jours).

Pensions de retraites : assurées par des versements mensuels du personnel, auxquels s'ajoutent des versements d'importance variable des Compagnies.

Les demandes d'admission dans le personnel des Compagnies de Tramways doivent être adressées aux directeurs des Compagnies et elles doivent être accompagnées des pièces habituelles : extrait de naissance, pièce établissant la situation au point de vue militaire, certificat de bonnes vie et mœurs.

Métropolitain de Paris

Personnel des trains et de la voie

Le personnel des trains et de la voie de cette Compagnie est recruté au choix. Les candidats doivent adresser leurs demandes au Chef du Personnel et joindre les pièces habituelles à l'appui.

Sont seuls admis les candidats âgés de moins

de 40 ans, présentant l'aptitude physique nécessaire.

Le traitement de début est de 150 francs par mois, il peut augmenter tous les trois ans de 75 fr. par an.

Au traitement il convient d'ajouter les indemnités diverses qui sont de 1 fr. 50 à 2 francs par jour pour les watmans ; de 15 francs à 20 francs par mois, pour les chefs de trains ; et de 7 fr. 50 à 10 francs pour les garde-queues.

Pour les emplois de contrôleurs, on choisit de préférence des candidats mariés, leurs femmes sont chargées, moyennant des suppléments, de distribuer les billets.

Le personnel est tenu à 10 heures de travail par jour.

Chaque semaine le travail de jour alterne avec le travail de nuit.

Congé annuel : 10 jours par an, payés.

Jours de maladie : solde entière, soins médicaux et pharmaceutiques.

Caisse de retraites.

Compagnies de chemins de fer

Service de l'exploitation

Dans les diverses Compagnies de chemin de fer, le recrutement du personnel de l'exploitation s'opère au choix, après un examen d'aptitude portant sur les matières suivantes :

Dictée ;

Narration ;
Questions de géographie ;
Exercices de calcul ;
Résolution de problèmes très simples.

Les candidats doivent justifier de l'aptitude physique nécessaire par une visite médicale.

Ils débutent comme agents à l'étude ou hommes d'équipe, facteurs enregistrants, élèves inspecteurs Ils font ensuite un stage de durée variable dans des gares plus importantes, et ils sont commissionnés, après dix-huit mois ou deux ans, à un traitement variant entre 1.500 francs et 2.400 francs, sans compter les gratifications diverses.

7° ADMINISTRATION DES DOUANES

L'Administration des Douanes est chargée d'assurer aux frontières, sur le littoral, dans les gares et les entrepôts, la perception intégrale de tous les droits inscrits dans les tarifs votés par le Parlement, ainsi que de toutes autres taxes intérieures, droits accessoires, de timbre ou de navigation, dont le recouvrement lui a été confié. Elle perçoit directement plus de 500 millions de droits, et garantit, pour le Trésor, comme le disait M. Thiers, la rentrée de plus d'un milliard d'impôts. La surveillance permanente organisée par ses brigades sur toutes les frontières de terre et de mer du Continent, de la Corse et de l'Algérie, comprenant une étendue de plus de seize cents lieues, et, par sa marine, sur mer et à l'embouchure des fleuves, a pour but de s'opposer à toute introduction ou versement frauduleux en dehors des bureaux ou lieux de débarquement. La Douane comprend, en outre, dans ses attributions, la publication de tous les renseignements statistiques relatifs à la navigation et au commerce extérieur de la France, ainsi que l'application des lois et règlements sur la marine marchande, tels que la police des manifestes, le jaugeage et l'armement des navires pour la pêche, le cabotage, la liquidation des primes allouées pour la grande pêche, la navigation, la construction et l'inscription hypothécaire des navires; elle prête enfin son concours à la marine, pour les sauvetages, et est appelée, par son organisation militaire, à prendre part à la défense du pays.

L'administration des douanes comprend deux cadres bien distincts: le cadre des brigades et le cadre des agents des services sédentaires.

Nous avons réservé pour la troisième partie de cet ouvrage l'étude des conditions de recrutement dans le service sédentaire pour lequel les candidats doivent être bacheliers (voir page 171).

Service actif

Le service actif ou des brigades est le gardien de la frontière et du littoral où il exerce de jour et de nuit, au moyen de marches et de contremarches (rabats), d'observations, de factions, d'embuscades, de patrouilles, d'escortes ou de services détachés, une surveillance armée permanente. Les agents des brigades sont en outre chargés de veiller à la garde des marchandises placées dans les entrepôts, dans les gares, dans les ports et sur les quais, d'assurer par des escortes l'arrivée de certains produits à leur destination et enfin de seconder les agents du service sédentaire dans toutes les opérations matérielles de la visite.

Le personnel des brigades est placé sous les ordres et le contrôle des inspecteurs et sous-inspecteurs divisionnaires qui portent d'ailleurs, en service, la même tenue, avec les galons de chefs de bataillon. Les Directeurs, en leur qualité de chefs d'un corps armé, sont assimilés aux lieutenants-colonels.

Le service des brigades est commandé par des capitaines ayant sous leurs ordres des lieutenants et des sous-lieutenants appelés eux-mêmes à diriger plusieurs brigades comprenant chacune un brigadier, un ou deux sous-brigadiers et un certain nombre de préposés.

Les brigades des douanes, déjà plusieurs fois appelées, sous l'ancienne législation, à concourir à la défense du pays, font aujourd'hui partie intégrante de l'armée. Organisées militairement et composées en grande partie, d'anciens sous-officiers de l'armée de terre ou des équipages de la flotte, elles forment quarante bataillons.

1° *Préposés et matelots*

Tous les emplois de préposés de douanes sont réservés aux militaires ayant accompli leur service et classés par une commission militaire pour un emploi civil. En cas d'insuffisance de ces candidats, l'Administration est autorisée à recruter les préposés sans concours. Ils doivent faire preuve, au cours d'un léger examen qu'on leur fait subir, de connaissances primaires élémentaires. C'est le seul examen qu'ont à subir les matelots qui sont aussi recrutés sans concours.

Il y a trois classes de préposés et matelots auxquelles correspondent des traitements de 1.000, 1.150 et 1.200 francs.

2° *Sous-brigadiers et sous-patrons*

Les sous-brigadiers et les sous-patrons sont recrutés parmi les préposés et les matelots inscrits au tableau d'avancement.

Il y a trois classes de sous-brigadiers et sous-patrons, avec des traitements correspondants de 1.200, 1.300 et 1.400 francs.

3° *Brigadiers et patrons*

Les patrons sont recrutés parmi les sous-patrons inscrits au tableau d'avancement.

Les brigadiers sont recrutés parmi les sous-brigadiers et sous-patrons ayant subi avec succès les épreuves d'un concours : ils doivent être âgés de moins de 40 ans, compter 12 mois de grade et être portés au tableau d'avancement.

Le concours comprend : une dictée, un spécimen d'écriture, la solution d'un problème d'arithmétique élémentaire, la rédaction d'une lettre ou d'un rapport, la solution de questions pratiques, la rédaction d'un procès-verbal judiciaire, des questions de théorie militaire.

Deux classes de brigadiers et patrons avec traitements de 1.500 et 1.600 francs.

4° *Garde-magasins*

Les garde-magasins sont recrutés parmi les brigadiers libérés de toutes obligations militaires.

Trois classes de garde-magasins avec traitements de 1.600, 1.700 et 1.900 francs.

5° *Receveurs subordonnés*

Les receveurs subordonnés sont recrutés parmi les brigadiers reconnus aptes à ces fonctions.

Service des brigades

Sous-lieutenants

Traitement . . . . 2.000 fr.

L'obtention du grade de sous-lieutenant est subordonnée à un concours dont le programme porte sur des questions professionnelles.

Lieutenants

Hors classe, traitement . . . 2.800 fr.
1re classe, traitement . . . . 2.500 fr.
2e classe, traitement . . . . 2.200 fr.

Les lieutenants sont recrutés parmi les sous-lieutenants.

Capitaines

Hors classe, traitement . . . 4.000 fr.
1re classe, traitement . . . . 3.500 fr.
2e classe, traitement . . . . 3.000 fr.
3e classe, traitement . . . . 2.800 fr.

Les capitaines sont recrutés parmi les lieutenants de 1re classe comptant au moins un an de service dans cette classe.

8° ADMINISTRATION DES CONTRIBUTIONS INDIRECTES

Cadre des préposés

Les préposés des contributions indirectes constituent le cadre secondaire de cette administration.

Leurs fonctions consistent à aider le service des contributions indirectes dans ses diverses opérations, et notamment dans la surveillance des distilleries, fabriques de sucre, etc.

Il y a trois classes de préposés :

3me classe : 1.200 francs ; 2me classe : 1.300 francs ; 1re classe : 1.400 francs.

Les préposés ne peuvent exercer leurs fonctions ni dans leur canton d'origine, ni dans le canton d'origine de leurs femmes, ni dans le canton où ils ont des parents ou alliés assujettis aux exercices de la régie. Toutefois, ces dispositions ne sont pas applicables aux villes qui possèdent trois contrôles au moins, et, pour les villes qui comprennent plusieurs cantons, le rayon d'interdiction est formé de tous ces cantons. En ce qui concerne le cadre principal des contributions indirectes, voir la troisième partie de cet ouvrage, page 73.

Les emplois de préposés des contributions indirectes sont attribués en totalité aux anciens sous-officiers comptant au moins dix ans de services, dont quatre comme sous-officiers, présentant les conditions d'aptitude nécessaires, et jouissant d'une santé robuste. A défaut des candidats de cette catégorie, le recrutement s'opère au moyen d'un concours qui a lieu dans les conditions suivantes :

Peuvent seuls être admis à concourir pour l'emploi de préposé, les jeunes gens devant avoir au moins vingt ans au premier octobre de l'année du concours et ayant au plus vingt-cinq ans.

Toutefois, pour les candidats qui justifient : soit de services civils pouvant entrer dans la liquidation d'une pension de retraite, soit de services militaires, la limite supérieure est reculée, au delà de vingt-cinq ans, d'une durée égale à celle de ces services, sans pouvoir dépasser trente ans.

Tout candidat devra produire :

1° Une demande d'admission ;

2° Une expédition de son acte de naissance, et, s'il est marié, un extrait de son acte de mariage ;

3° Un certificat des autorités locales constatant qu'il jouit de la qualité de Français et qu'il est de bonne vie et mœurs.

(Ces pièces devront être établies sur papier timbré et les signatures dûment légalisées.)

4° Une copie textuelle des pièces établissant sa situation au point de vue du service militaire, ainsi qu'une copie du certificat de bonne conduite, si le postulant a passé plus d'une année sous les drapeaux ;

5° Un extrait de son casier judiciaire.

Le programme d'examen d'admission est réglé ainsi qu'il suit :

1° Une dictée faite sur papier non réglé, et sans que le postulant puisse en corriger l'orthographe au moyen d'aucun livre ou secours étranger ;

2° La même dictée recopiée à main posée ;

3° Solution de diverses questions sur la géographie ;

4° Calcul des quatre premières règles, solution de plusieurs problèmes d'arithmétique élémentaire, connaissance du système métrique.

Les coefficients ci-après servent à déterminer la valeur des épreuves :

Orthographe	6
Géographie	2
Arithmétique	5
Ecriture	3

Les préposés sont aussi recrutés, sans subir ce concours, parmi les sous-officiers, dans les conditions prévues par l'article 69 de la loi du 21 mars 1905, et parmi les anciens sous-officiers nommés receveurs buralistes depuis moins de deux ans.

9° ADMINISTRATION DES MANUFACTURES DE L'ETAT

Les manufactures de l'Etat ne sont pas, à proprement parler, une administration financière, ayant le caractère des autres régies ; c'est un service à la fois agricole, commercial et industriel, se subdivisant en trois parties distinctes, savoir :

1° Surveillance de la culture du tabac en France ;

2° Achat des feuilles de tabacs aux agriculteurs indigènes ou au commerce étranger.

3° Transformation des matières premières en produits fabriqués.

La culture du tabac n'est autorisée que dans un certain nombre de départements reconnus propres à la production. Elle est soumise à une surveillance rigoureuse au point de vue, tant des procédés de culture, que des quantités de feuilles cultivées, dont les planteurs doivent rendre un compte exact.

La fabrication des tabacs de la culture indigène et des tabacs étrangers s'opère dans 19 manufactures ; à la tête de chacune d'elles se trouve un directeur. Les tabacs fabriqués sont expédiés aux entrepôts qui relèvent, ainsi que les débits de tabacs, de l'administration des contributions indirectes, exclusivement chargés du recouvrement de l'impôt et de la vente des produits.

Le personnel des manufactures de l'Etat se divise en trois grandes catégories.

1° Les agents du cadre secondaire des préposés dont nous nous occupons ici ;

2° Les agents des bureaux ou du contrôle recrutés à la suite d'un examen spécial, dit du personnel admissible aux emplois supérieurs (voir plus loin, page 168).

3° Les fonctionnaires chargés des travaux techniques, des constructions, d'installations mécaniques et de fabrication : ils sortent de l'Ecole polytechnique.

Préposés et surveillants

Le personnel des préposés des manufactures de l'Etat comprend les agents chargés de la surveillance des ateliers, de la tenue des écritures, ainsi que les concierges et les gardiens de bureau. Le recrutement s'opère :

1° Parmi les anciens militaires gradés de dix ans ;

2° Parmi les candidats civils âgés de moins de 31 ans, libérés ou exemptés du service de l'armée active et reconnus, par le médecin de l'administration, posséder les aptitudes physiques satisfaisantes.

Les préposés nommés à la suite du concours accomplissent, en qualité de surveillant-stagiaire, une première période d'essai de douze mois.

A l'expiration de ce stage, ceux qui n'ont pas été jugés capables d'avoir les aptitudes ou les qualités nécessaires sont rayés des cadres. Les autres sont soumis, en qualité de surveillants stagiaires de deuxième année, à une seconde période d'essai de douze mois, à l'expiration de laquelle ils sont, soit nommés surveillants de troisième classe, soit rayés des cadres.

Les fonctions de chef de section ou de chef d'atelier sont confiées aux proposés à la suite d'un concours fixé par le directeur général.

En cas de vacance d'un de ces emplois, le chef d'établissement désigne ceux des préposés qui sont appelés au concours.

Commis de culture

Le recrutement des commis de culture s'opère parmi les anciens militaires gradés de dix ans et, lorsque le nombre de ces candidats est inférieur à celui des vacances, il est pourvu aux emplois disponibles par voie de concours. Les candidats à ce concours doivent être âgés de moins de 31 ans, être libérés ou exemptés du service de l'armée active et avoir les aptitudes physiques nécessaires.

Les commis de culture recrutés, soit parmi les anciens militaires, soit à la suite du concours, sont astreints, comme les préposés, à deux stages d'une année chacun, à la suite desquels ils sont, ou nommés commis de troisième classe, ou soumis à une prolongation de stage d'un an, ou rayés des cadres.

*
* *

Les préposés et les commis de culture reçoivent des traitements variables entre 1.200 et 2.000 francs par an.

10° HOPITAUX ET HOSPICES

Infirmiers

Le recrutement des infirmiers dans les hôpitaux, hospices, asiles d'aliénés, etc., s'opère par avancement direct. On débute comme garçon de service et on suit la filière. Pour être nommé garçon de service, il faut être de nationalité française, justifier d'un certificat de bonne vie et mœurs, avoir une instruction primaire suffisante et être âgé de moins de 35 ans. Le diplôme d'infirmier n'est pas obligatoire ; mais il confère un droit de préférence pour accéder aux grades supérieurs. En fait, le personnel soignant n'est recruté que parmi les garçons munis de ce diplôme.

Les infirmiers sont généralement logés et nourris ; ils reçoivent des traitements variables entre 360 et 600 francs par an.

11° ADMINISTRATION DEPARTEMENTALE

Cantonniers

Le travail des cantonniers consiste à assurer l'écoulement des eaux, à enlever la neige, à frayer un passage, à préparer des matériaux en temps de gelée. Ils doivent, en outre, réparer toutes les dégradations et combler les ornières à mesure qu'elles se forment, en ôter préalablement la boue avec le plus grand soin et les fermer en rabattant les bourrelets. Ils doivent aussi ramasser les pierres éparses sur la chaussée et n'employer aucune qui excède la grosseur d'un œuf; battre les ornières à la trie, quand elles sont profondes, et curer les fossés. Ils doivent commencer le travail par un bout de la station et le poursuivre sans interruption jusqu'à l'autre, tout en ne laissant derrière eux aucune ornière, puis revenir sur leurs pas, reprendre le travail à l'origine. Dans les temps humides, ils doivent principalement s'occuper d'enlever les boues. Ils ne peuvent rompre leur engagement sans prévenir un mois à l'avance. A soixante ans d'âge, après vingt-quatre ans révolus de service, ils reçoivent une retraite qui, depuis le vote du Parlement, en 1895, peut atteindre les deux tiers de leur traitement. En cas d'accident survenu par suite du service, il leur est alloué une gratification ou une retraite spéciale.

Le recrutement des cantonniers s'opère au choix. Les candidats doivent adresser leur demande à l'Ingénieur en Chef des Ponts et Chaussées ou à l'Agent Voyer principal de leur département et réunir les conditions suivantes:

1° Avoir satisfait à la loi militaire et ne pas être âgé de plus de quarante ans;

2° N'être atteint d'aucune infirmité qui puisse s'opposer à un travail journalier et assidu;

3° Etre porteur d'un certificat de moralité délivré par le maire de la commune ou le sous-préfet de l'arrondissement;

4° Sauf exception motivée par des circonstances locales : savoir lire et écrire.

Le traitement des cantonniers et des cantonniers chefs est variable suivant les résidences. A titre d'indication, nous pouvons le fixer entre 900 et 1.200 francs par an.

Cantonniers chefs

Les cantonniers chefs sont pris parmi les cantonniers les plus instruits, sachant lire et écrire et les plus zélés à leur travail. Ils sont désignés par l'Ingénieur en Chef sur la proposition de l'Ingénieur ordinaire. Ils ont une station plus courte sur la route, afin qu'ils puissent vaquer aux devoirs spéciaux qui leur sont imposés : tournées avec conducteurs et commis des Ponts et Chaussées, surveillance des cantonniers, s'il y en a, exécution des ordres de l'Ingénieur ordinaire, relations directes avec le personnel des Ponts et Chaussées.

Chaque circonscription d'un cantonnier chef comprend environ six cantons formant une brigade. La loi du 23 mars 1842 sur la police de la grande voirie a donné aux cantonniers chefs le droit de constater tous les délits de grande voirie ; ils sont, à cet effet, assermentés et commissionnés au même titre que les autres agents des Ponts et Chaussées. Les cantonniers chefs doivent rendre compte, chaque semaine, du résultat de leurs tournées, sur une feuille hebdomadaire qui leur est donnée par le conducteur de la subdivision.

DEUXIÈME PARTIE

EMPLOIS ADMINISTRATIFS ACCESSIBLES AUX JEUNES GENS NON DIPLOMÉS POSSÉDANT UNE INSTRUCTION PRIMAIRE, PRIMAIRE SUPÉRIEURE OU SECONDAIRE

Sommaire :

1° Postes et Télégraphes. — 2° Contributions indirectes. — 3° Administration départementale. — 4° Finances. — 5° Travaux publics et carrières diverses.

1° POSTES ET TELEGRAPHES

Agents, agents techniques, emplois supérieurs

Concours du surnumérariat

Le personnel des Postes et Télégraphes comprend :

1° Les sous-agents, que nous avons étudiés dans la première partie de cet ouvrage, page 28 ; 2° les agents et les employés supérieurs ; 3° le personnel des services techniques. Ces deux dernières catégories sont soumises aux conditions de recrutement suivantes :

Personnel des Agents et emplois supérieurs

Tous les agents des Postes et des Télégraphes doivent débuter par le surnumérariat, fonction à laquelle ils sont admis à la suite d'un concours qui a lieu dans les conditions suivantes :

Les candidats doivent :

1° Etre Français ;

2° Etre âgé de 18 ans au moins, de 25 ans au plus au 1er janvier de l'année où a lieu le concours d'admission.

Par exception, les candidats qui justifient de services civils ou de services militaires, peuvent être admis à concourir après 25 ans. Pour ces candidats, la limite d'âge de 25 ans est reculée d'une durée égale à celle des années de service, sans pouvoir dépasser 30 ans ;

3° Avoir la taille réglementaire pour les opérations du tri (1 m. 54 au minimum), posséder une bonne instruction, n'être atteint d'aucune infirmité et établir qu'il a été vacciné ou revacciné à une date ne remontant pas à plus de dix années ;

4° Etre agréé par le Sous-Secrétaire d'Etat.

Tout candidat au surnumérariat est tenu de se

présenter devant le directeur des Postes et Télégraphes du département. Il rédige, sous les yeux de ce fonctionnaire, une demande d'admission à concourir, établie sur papier timbré, et doit fournir les pièces suivantes :

1° Un extrait de son acte de naissance dûment égalisé ;

2° Un certificat du maire de sa commune, constatant qu'il est de bonne vie et mœurs et qu'il est de nationalité française ;

3° Le cas échéant, une copie certifiée de ses diplômes de baccalauréat ou de licence ;

4° Un certificat constatant qu'il a été vacciné ou revacciné depuis moins de 10 ans ;

5° Enfin, et s'il y a lieu, une copie certifiée de l'état de ses services militaires, et un certificat de bonne conduite au corps ou, en cas d'exemption ou d'ajournement, un certificat constatant sa situation au point de vue de la loi sur le recrutement.

Tout candidat doit fournir une déclaration dûment légalisée par laquelle ses parents prennent l'engagement de subvenir à ses besoins, pendant la durée du surnumérariat.

Les candidats étrangers à l'Administration sont soumis, en présence du comité, et avant le concours, à la visite du médecin assermenté. Le certificat délivré à la suite de cette visite devra constater que la taille du candidat est d'au moins 1 m. 54, qu'il est d'une bonne constitution, qu'il n'est atteint d'aucune infirmité et ne présente aucun symptôme de tuberculose.

Le programme de concours comprend les épreuves obligatoires :

1° Dictée servant tout à la fois d'épreuve d'écriture et d'orthographe ;

2° Rédaction d'une note ou d'une lettre sur un sujet donné ;

3° Arithmétique jusques et y compris les proportions et le système métrique

4° Géographie physique et politique de la France et géographie générale des cinq parties du monde ;

5° Physique et chimie (notions élémentaires générales, notions particulières sur l'électricité et la formation des courants dans les piles.)

Indépendamment des épreuves obligatoires, les candidats sont admis facultativement, et sur leur demande, à en subir d'autres sur tout ou partie des matières indiquées ci-après :

1° Algèbre élémentaire ;

2° Géométrie pratique, mesure des surfaces ;

3° Dessin linéaire ;

4° Langue anglaise	Thèse et version sans dictionnaire
5° Langue allemande	
6° Langue italienne.	
7° Langue espagnole	

8° Connaissances postales ;

9° Connaissances télégraphiques.

Le concours a lieu au chef-lieu du département, en présence d'un comité composé :

1° du Directeur départemental, président ;

2° de l'Inspecteur le plus ancien en grade ;

3° du Receveur principal ou du plus ancien Commis principal de la recette principale.

Aucun candidat ne peut subir les épreuves devant un comité dont son père, un oncle ou allié au même degré ferait partie.

Les sujets de composition sont renfermés dans

des enveloppes cachetées à la cire, portant l'indication de la séance dans laquelle le sujet sera traité ; elles ne doivent être ouvertes qu'en présence des candidats et au commencement de chaque séance.

Tout candidat surpris consultant des documents ou notes est exclu du concours.

La même mesure est appliquée aux candidats cherchant à s'entr'aider d'une manière quelconque.

Les candidats ne signent pas leurs compositions : ils portent leurs noms et leurs prénoms sur l'en-tête de chacune d'elles.

Après chaque épreuve, les compositions sont mises, en présence des candidats, sous plis cachetés et, à la fin de chaque journée, renfermées dans une seule enveloppe et transmises à l'Administration, sous le timbre de la Direction du Personnel, qui a attribué à chacune d'elles un numéro et en a détaché les en-têtes.

Les épreuves sur chaque matière obligatoire ou facultative sont cotées de 0 à 20.

Le nombre des points à attribuer à chaque épreuve s'obtient en multipliant la note par les coefficients indiqués ci-dessous.

Matières obligatoires

4 pour l'écriture ;
5 pour l'orthographe ;
4 pour la rédaction ;
4 pour l'arithmétique ;
4 pour la géographie ;
3 pour l'épreuve de physique et de chimie.

Matières facultatives

1 pour l'algèbre ;

1 pour l'épreuve de géométrie pratique et mesure des surfaces ;
1 pour le dessin linéaire ;
2 pour la langue anglaise ;
2 pour la langue allemande ;
2 pour la langue italienne ;
1 pour la langue espagnole ;
3 pour les connaissances postales ;
3 pour les connaissances télégraphiques.

Il n'est tenu compte, ni des cotes égales ou inférieures à 10 pour l'algèbre, la géométrie, le dessin et les langues étrangères, ni des cotes égales ou inférieures à 5 pour les connaissances postales et les connaissances télégraphiques.

Lorsque la note est supérieure aux minima ci-dessus indiqués, le surplus seul entre en ligne de compte dans la détermination du nombre total des points.

Il est attribué :

7 points aux candidats qui ont passé avec succès la première partie du baccalauréat de l'enseignement secondaire classique ou du baccalauréat de l'enseignement secondaire moderne.

10 points à ceux qui produisent un diplôme complet de bachelier, soit de l'enseignement secondaire classique, soit de l'enseignement moderne.

15 points à ceux qui possèdent deux diplômes de baccalauréat.

Enfin, 25 points aux licenciés en droit, ès-sciences ou ès-lettres.

Aux aides : 1 point par mois jusqu'à 10 points aux jeunes facteurs et sous-agents ; 5 points pour 3 ou 4 ans de services en augmentant de un point par année, jusqu'à 10 points pour 8 ans et au-dessus.

Il n'est pas tenu compte de points de baccalauréat aux candidats qui présentent un diplôme de licence.

Aucun candidat n'est admissible, s'il n'a obtenu au minimum les cotes suivantes :

10 pour l'orthographe et l'écriture ;

5 pour chacune des autres matières obligatoires ;

Et 60, moitié du maximum sur la totalité de ces matières.

Les candidats reçus au concours sont nommés surnuméraires au fur et à mesure des vacances et d'après l'ordre du classement. Les surnuméraires reçoivent, aussitôt après leur nomination, une rétribution mensuelle de 50 francs, qui est élevée à 100 francs quelques mois après, si leur service est l'objet d'appréciations favorables et si les disponibilités budgétaires le permettent.

Emplois d'avancement

Tous les emplois de l'Administration des Postes et Télégraphes sont accessibles par la voie du surnumérariat. Ils peuvent s'obtenir par voie d'avancement normal.

Font exception à cette règle :

1° L'emploi de rédacteur pour lequel il faut subir un examen spécial ou passer par la première section de l'Ecole professionnelle supérieure ;

2° Les emplois d'ingénieur, qui sont attribués exclusivement aux élèves de l'Ecole professionnelle supérieure, pourvus du brevet de capacité de la deuxième section de l'Ecole.

Traitements et hiérarchie

Exploitation

Commis	1.500 à 4.000 fr.
Contrôleurs des services marit. ou postaux	2.500 à 4.500 fr.
Commis principal . .	3.300 à 4.500 fr.
Chef de brigade . .	3.300 à 4.500 fr.
Sous-chef de section .	3.500 à 5.000 fr.
Chef de section . .	5.500 à 8.000 fr.

Receveurs :

Bureau simple, 2e cl.	1.800 à 2.000 fr.
Bureau simple, 1re cl.	2.000 à 3.000 fr.
Bureau composé, 3e cl.	3.000 à 4.500 fr.
Bureau composé, 2e cl.	5.000 à 6.000 fr.
Bureau composé, 1re cl.	7.000 à 8.000 fr.

Administration extérieure

Rédacteur	1.600 à 4.500 fr.
Inspecteur	4.000 à 6.000 fr.
Directeur	6.000 à 12.000 fr.
Inspecteur général .	12.000 à 15.000 fr.

Administration centrale

Rédacteur	1.900 à 4.500 fr.
Sous-chef de bureau	5.000 à 6.000 fr.
Chef de bureau . .	7.000 à 10.000 fr.
Directeur	12.000 à 15.000 fr.

Personnel des services techniques des P. T. T.

Agents techniques

Les emplois d'agent mécanicien titulaire du service télégraphique et du service téléphonique, sont réservés, dans les conditions ci-après indiquées, aux ouvriers mécaniciens des ateliers de l'Administration, ou, à défaut de postulants de cette catégorie en nombre suffisant, aux candidats étrangers au service ayant subi avec succès les épreuves d'un concours spécial.

Recrutement parmi les ouvriers mécaniciens des ateliers de l'administration

Les ouvriers mécaniciens des ateliers, candidats à l'emploi d'agent mécanicien titulaire, suivent un cours pratique à l'issue duquel il est statué sur les candidatures.

La liste des ouvriers admis à suivre le cours est dressée par l'Ingénieur en chef des ateliers du boulevard Brune et arrêtée par la Direction du matériel et de la construction. Ne peuvent être inscrits sur la liste que les ouvriers ayant satisfait aux obligations de la loi sur le recrutement de l'armée et âgés de 30 ans au plus à la date d'établissement de cette liste.

Recrutement par la voie du concours

Quand les besoins du service l'exigent, et en cas d'insuffisance des ouvriers mécaniciens aptes à l'emploi d'agent mécanicien titulaire, il est ouvert, à Paris, un concours dans les conditions réglementaires, pour le recrutement des agents mécaniciens titulaires parmi les candidats étrangers à l'Administration. Un arrêté du Sous-Secrétaire d'Etat en fixe la date, ainsi que le nombre des emplois à attribuer.

Pour être admis au concours, les candidats doivent avoir satisfait aux obligations de la loi sur le recrutement de l'armée (loi du 21 mars 1905, art. 7) et être âgés de 25 ans au plus au 1er janvier de l'année du concours ; pour les candidats ayant effectué leur service militaire, la limite d'âge est reculée de la durée de ces services militaires, sans toutefois qu'elle puisse dépasser 30 ans.

Tout en remplissant ces conditions d'âge, peuvent seuls participer aux épreuves d'admission :

1° Les anciens élèves brèvetés des Ecoles nationales des Arts et Métiers.

2° Les anciens élèves des Ecoles nationales d'horlogerie de Cluses et de Besançon, de l'Ecole d'ouvriers et de contremaîtres de Cluny, des Ecoles nationales professionnelles et des écoles professionnelles de la ville de Paris (Diderot et Dorian), ayant obtenu le diplôme de sortie d'une de ces écoles ;

3° Les anciens élèves des écoles pratiques d'industrie pourvus du certificat d'études pratiques industrielles ;

4° Les ouvriers mécaniciens qui produisent des

références certifiant qu'ils ont travaillé pendant deux années au moins dans un atelier d'électricien ;

5° Les candidats possédant un brevet de second-maître ou de quartier-maître mécanicien ou torpilleur de la marine de l'Etat et libérés ou libérables avant la date fixée pour l'ouverture du cours.

Les candidats adressent leurs demandes à l'ingénieur en chef du service, dans les ateliers des Postes et des Télégraphes, à Paris ; ils s'engagent dans ces demandes à se mettre entièrement à la disposition de l'Administration; pour une résidence quelconque de la métropole ; en cas d'admission, ils joignent à leurs demandes :

1° Les diplômes, brevets ou références indiqués ci-dessus ;

2° Un extrait dûment légalisé de leur acte de naissance ;

3° Un certificat, établi par un médecin assermenté, constatant leur aptitude physique aux fonctions qu'ils sollicitent et attestant qu'ils ont été vaccinés ou revaccinés depuis moins de six ans ;

5° Enfin, s'il y a lieu, une copie certifiée de l'état des services militaires et un certificat de bonne conduite au corps ou, en cas d'exemption, un certificat constatant leur situation au point de vue de la loi sur le recrutem t de l'armée.

Un arrêté détermine :

1° La liste des candidats admis à concourir ;

2° Le temps accordé aux candidats pour chacune de leurs compositions.

Les épreuves du concours sont les suivantes :

1° *Epreuves manuelles*

a) Exécution d'une pièce détachée d'un appareil

télégraphique ou téléphonique exigeant un travail de lime.

b) Exécution d'une pièce détachée exigeant un travail de tour.

2° *Epreuves écrites*

a) Installations électriques. — Une question se rapportant, au choix du candidat, soit à la télégraphie, soit à la téléphonie, soit à l'éclairage électrique, soit aux installations électriques industrielles.

b) Arithmétique. — Problèmes de la force du certificat d'études primaires.

c) Rédaction et dessins. — Description, avec croquis à l'appui, d'un appareil électrique placé sous les yeux des candidats.

3° *Epreuves orales*

Installations électriques. — Questions se rapportant, au choix du candidat, soit à la téléphonie, soit à la télégraphie, soit à l'éclairage électrique, soit aux installations électriques industrielles.

La valeur de chacune des compositions indiquées à l'article précédent est notée de 0 à 20. Les notes obtenues sont multipliées par les coefficients suivants :

Epreuves manuelles	de tour	1
	de lime	1
Installations électriques	Epreuve écrite	2
	Epreuve orale	6
Arithmétique		1
Rédaction		1
Dessin		1

Les candidats qui n'obtiennent pas la note 15 pour chacune des épreuves manuelles et pour l'épreuve écrite d'électricité sont éliminés ; les autres compositions ne sont pas éliminatoires.

La liste d'admission est arrêtée par le Sous-Secrétaire d'Etat.

Les candidats étrangers à l'Administration admis sont attachés pour ordre, en qualité d'agents mécaniciens temporaires, à la Direction des services électriques de la région de Paris.

A l'issue du cours, les agents mécaniciens temporaires subissent un examen et sont classés par ordre de mérite.

Ceux dont la moyenne est inférieure à 15 sont licenciés, s'ils ont été recrutés en dehors de l'Administration, et réintégrés dans leur service, s'ils faisaient partie des cadres.

Les élèves sont appelés, dans l'ordre du classement final, à choisir leur résidence parmi celles où il existe des vacances à combler ou des emplois à pourvoir.

Rétribution des agents mécaniciens temporaires. — Titularisation

Les agents mécaniciens temporaires reçoivent une rétribution basée sur le taux de 1.800 francs par an. Ils ne reçoivent pas d'indemnité de frais de séjour.

Les titularisations sont faites dans l'ordre du classement.

Leurs droits à un avancement de classe comptent à partir du jour de leur titularisation.

En attendant leur tour de nomination, les agents mécaniciens temporaires sont maintenus dans leur situation et utilisés dans les services départementaux.

Les agents mécaniciens temporaires qui n'accepteraient pas la résidence qui leur serait attribuée seraient licenciés.

Traitement des agents mécaniciens titulaires

L'échelle des traitements des agents mécaniciens titulaires est fixée ainsi qu'il suit : 1.800 francs, 2.100 francs, 2.400 francs, 3.000 francs et 3.500 fr.

Emplois d'avancement

Des emplois d'agent mécanicien principal sont réservés aux agents mécaniciens bien notés et ayant atteint le traitement maximum de leur grade.

L'échelle des traitements des agents mécaniciens principaux est fixée ainsi qu'il suit : 4.000 francs et 4.500 francs.

2° CONTRIBUTIONS INDIRECTES

L'Administration des contributions indirectes a pour objet d'assurer la perception des impôts indirects proprement dits, et des monopoles assimilés ; elle comprend deux cadres distincts de personnel : le cadre inférieur des préposés et assimilés, dont nous avons déjà parlé plus haut, et le cadre supérieur, qui comprend les commis, les receveurs sédentaires ou ambulants, lesquels peuvent, à la suite d'examens professionnels, arriver aux emplois supérieurs d'inspecteurs, contrôleurs et directeurs.

L'Administration des Contributions indirectes est parmi les plus importantes de nos administrations. Elle recouvre, pour le compte de l'Etat, environ 1.200 millions par an, et elle occupe un personnel de près de 12.000 agents.

Le recrutement de ce personnel s'opère :

1° Par le concours de préposés, que nous avons déjà étudié page 49.

2° Par le concours du surnumérariat.

Les surnuméraires sont recrutés :

1° Sans concours, parmi les licenciés en droit, qui sont astreints à un stage de 3 mois seulement ;

2° Au concours, parmi les jeunes gens âgés de 18 à 22 ans. Cette limite d'âge est abaissée à 17 ans pour les fils d'employés, les bacheliers et les admissibles à l'école navale. Elle est reculée pour les jeunes gens qui justifient, soit de services civils pouvant entrer dans la liquidation d'une pension de retraites sur les fonds de l'Etat, soit de services militaires d'une durée égale à celle de ces services, sans toutefois qu'elle puisse dépasser cinq ans. Chaque candidat doit adresser une demande au directeur des contributions indirectes de son département et joindre les pièces suivantes :

1° Expédition de son acte de naissance et, s'il est marié, un extrait de son acte de mariage ;

2° Un certificat des autorités locales établissant qu'il jouit de la qualité de Français et qu'il est de bonne vie et mœurs ;

3° Un extrait de son casier judiciaire ;

4° Un certificat du médecin attestant qu'il est exempt de toute infirmité ou difformité corporelle ;

5° Un certificat des autorités locales ou toute autre pièce établissant qu'il possède, personnellement ou par sa famille, les ressources suffisantes pour subvenir à ses besoins, pendant la durée de son surnumérariat ;

6° Un certificat du proviseur, principal ou chef d'institution auprès duquel il a fait ses études. Ce certificat doit faire connaître à quelle classe les études du candidat se sont arrêtées et annoncer en même temps quelle était sa conduite pendant son séjour à l'établissement *(Les pièces ci-dessus doivent être établies sur papier timbré et les signatures dûment légalisées)* ;

7° Une copie des pièces établissant sa situation au point de vue du service militaire, ainsi qu'une copie du certificat de bonne conduite, si le postulant a passé plus d'une année sous les drapeaux ;

8° Une copie dûment certifiée par le directeur des contributions indirectes de ses titres universitaires (licence, baccalauréat, certificat d'admissibilité à l'Ecole navale, brevet supérieur, brevet de capacité.)

Ceux qui peuvent justifier du diplôme de docteur en droit, ès-sciences, ou qui ont satisfait à un examen de sortie de Polytechnique ou de Saint-Cyr, Navale ou Centrale, sont dispensés de la formalité du concours. Le concours porte sur les épreuves suivantes :

1° Dictée sur papier non réglé ;
2° Composition française ;
3° Questions sur la géographie ;
4° Calcul des quatre premières règles ;
5° Théorie des proportions ;
6° Solution de plusieurs problèmes d'arithmétique élémentaire ;
7° Connaissance du système métrique ;
8° Questions sur la physique et la chimie élémentaires.

Les candidats reçus à la suite de ce concours peuvent aspirer aux emplois supérieurs et notamment aux postes de rédacteur à l'Administration centrale et de contrôleur, qui sont attribués à l'avancement du personnel de cette catégorie à la suite de concours, sauf pour le poste de contrôleur qui, dans la proportion d'un tiers, est réservé, sans examen, par l'avancement à l'ancienneté, aux commis et commis principaux.

Traitements

Les traitements des Agents des Contributions indirectes sont fixés ainsi qu'il suit :

Surnuméraires (les 350 plus anciens) : 50 francs par mois.

Commis des bureaux . .	1.500 à	1.850	fr. par an
Commis principaux . . .	2.000 à	3.050	fr. par an
Commis de direction et de sous-direction	1.500 à	5.000	fr. par an
Contrôleurs	3.000 à	3.500	fr. par an
Sous-directeurs et inspect.	4.000 à	6.000	fr. par an
Directeurs	8.000 à	12.000	fr. par an

3° ADMINISTRATION DEPARTEMENTALE

Bureaux des préfectures et des sous-préfectures

Le personnel des bureaux des Préfectures est recruté suivant les départements, tantôt au choix, tantôt par voie de concours.

Dans tous les cas, les demandes accompagnées des pièces habituelles doivent être adressées aux secrétaires généraux des Préfectures.

Bien qu'en règle générale on n'exige pas de diplômes pour l'accès de ces emplois, il est certain néanmoins que les titres de bacheliers et de licencié sont très recherchés.

Le caractère très modeste de ces emplois les place dans un rang secondaire, en ce qui concerne les traitements et l'avancement.

Ils ont toutefois l'avantage de permettre à leurs titulaires de bifurquer dans les perceptions ou dans l'Assistance publique.

Traitements

Les employés des bureaux des Préfectures et Sous-préfectures sont rétribués d'une façon qui n'est pas uniforme et varie suivant les cas. En tout cas, nous donnons ci-dessous des indications qui peuvent en donner une idée approximative.

Commis des Sous-préfectures .	800 à 1.500 fr.
Secrétaires des Sous-préfectures	1.800 à 3.600 fr.
Commis des Préfectures . .	1.500 à 2.400 fr.
Rédacteurs	1.800 à 2.800 fr,
Sous-chefs de bureau	2.000 à 3.600 fr.
Chefs de bureau	2.200 à 4.000 fr.
Chefs de division	2.400 à 6.000 fr.

*
* *

Les Sous-préfectures occupent également dans leurs bureaux un ou plusieurs employés. Ces derniers, qui passent souvent dans les Préfectures à titre d'avancement, sont soumis aux mêmes conditions de recrutement que les employés de Préfectures.

Agents voyers

Les fonctions d'agents voyers étant des fonctions départementales, elles ne sont soumises à aucune règle commune, en ce qui concerne le recrutement, l'avancement et les traitements, qui varient suivant les départements.

En conséquence, nous nous bornons à donner ci-dessous les indications générales communes à tous les départements. Les candidats doivent adresser leur demande aux préfets des départements et joindre à cette demande les pièces habituelles.

Les candidats doivent avoir généralement 20 ans au moins et 30 ans au plus, excepté s'ils sont anciens militaires ; dans ce cas, la limite d'âge est reculée d'un nombre d'années égal à celui de leurs services militaires.

Ils sont nommés à la suite d'un concours portant sur les matières suivantes :

1° Ecriture courante, nette et lisible ;

2° Principes de la langue française (aptitude constatée par une dictée et un rapport administratif) ;

3° Calcul d'un triangle par les logarithmes ;

4° Dessin graphique et lavis ;

5° Arithmétique ;

6° Algèbre ;

7° Géométrie ;

8° Trigonométrie descriptive (application à la coupe des pierres et à la charpente) ;

9° Trigonométrie rectiligne et usage des tables ;

10° Statique élémentaire et conditions d'équilibre des machines simples ;

11° Notions générales sur le tracé et les travaux

d'entretien des chemins, sur les qualités et défauts des matériaux de construction et d'entretien, et sur leur emploi dans les charpentes, etc.

12° Calcul des déblais et des remblais pour la construction des chemins ;

13° Notions sommaires sur la législation des chemins vicinaux.

Il y a trois catégories d'agents voyers : les agents voyers cantonaux, les agents voyers d'arrondissement et les agents voyers départementaux.

Les traitements des agents voyers varient, suivant les départements, dans les conditions suivantes :

Traitements

Agents voyers auxiliaires.	1.000 à	2.000 fr.
Agents voyers cantonaux.	1.400 à	3.900 fr.
Agents voyers d'arrond .	2.600 à	5.700 fr.
Agents voyers en chef .	5.000 à	15.000 fr.

Assistance publique départementale

Le personnel des services de l'Assistance publique départementale comprend des inspecteurs, des sous-inspecteurs et des commis d'inspection.

Commis d'inspection

Les commis d'inspection sont recrutés à la suite d'un concours spécial et nommés par le Ministre de l'Intérieur. Les 4/5 des vacances sont attribués aux anciens sous-officiers de dix ans.

Les candidats au concours doivent être âgés de 21 ans au moins et de 30 ans au plus.

La limite d'âge est reculée d'un temps égal à la durée des services antérieurs, civils ou militaires.

Ils doivent se faire inscrire au moins dix jours avant l'ouverture du concours. Ils doivent fournir les pièces suivantes :

1° Demande d'admission pour le concours indiquant les antécédents avec certificats à l'appui ;

2° Expédition de l'acte de naissance ;

3° Un extrait du casier judiciaire ayant moins de 6 mois de date ;

4° Une pièce délivrée par l'autorité militaire faisant connaître la situation du candidat au point de vue de la loi sur le recrutement de l'armée ;

5° Un certificat d'aptitude physique délivré par le médecin de l'administration.

Les commis d'inspection reçoivent des traitements variant entre 1.500 et 3.500 francs.

CONCOURS

Epreuves écrites

1° Dictée d'orthographe et d'écriture ;
2° Composition française ;
3° Exercices de comptabilité ;
4° Problèmes d'arithmétique.

Epreuves orales

1° Histoire et géographie ;
2° Eléments de droit civil et administratif ;
3° Notions générales sur l'Assistance publique.

Les candidats reconnus admissibles à ce concours entrent en fonctions en qualité de stagiaires. Le stage dure un an.

Après trois ans d'exercice comme titulaires, les commis d'inspection sont admis à prendre part au concours pour le recrutement des sous-inspecteurs de l'Assistance publique.

Sous-inspecteurs

Les sous-inspecteurs sont choisis :

1° Parmi les commis d'inspection ayant au moins trois ans d'exercice, inscrits au tableau d'avancement, les agents de surveillance des enfants assistés, les directeurs d'écoles professionnelles départementales, d'au moins 100 élèves ;

2° Parmi les employés du Ministère de l'Intérieur, les chefs ou sous-chefs de bureau des Préfectures, les secrétaires de sous-préfectures et les personnes ayant exercé pendant six ans au moins les fonctions de maire dans des villes de plus de 5.000 habitants ;

3° Parmi les docteurs en médecine ayant exercé pendant deux ans au moins les fonctions de médecin des enfants assistés et les pharmaciens faisant partie depuis deux ans d'une commission sanitaire ou d'un conseil départemental.

ils doivent avoir 25 ans au moins et 40 ans au plus et avoir un nombre d'années suffisant pour leur permettre d'avoir droit à la pension de retraite à partir de l'âge de 50 ans.

Tous les candidats doivent subir l'examen qui est le même que pour les inspecteurs.

Les sous-inspecteurs reçoivent des traitements qui sont de 2.800 francs au début et qui peuvent s'élever jusqu'à 4.000 francs.

Inspecteurs

Les inspecteurs de l'Assistance publique sont choisis exclusivement :

1° Parmi les sous-inspecteurs ayant au moins six ans d'exercice et inscrits au tableau d'avancement.

Si les sous-inspecteurs sont docteurs en médecine, la durée de ces services est réduite à quatre ans.

2° Parmi les sous-préfets, secrétaires généraux de préfectures, conseillers de préfectures comptant au moins six ans de fonctions ;

3° Parmi les personnes ayant exercé six ans au moins les fonctions de maire dans des villes de plus de 10.000 habitants ;

4° Parmi les docteurs en médecine exerçant depuis six ans au moins les fonctions de médecin des enfants assistés ou de la protection du 1er âge et les pharmaciens faisant partie, depuis 6 ans au moins, d'une Commission sanitaire ou d'un Conseil départemental d'hygiène ;

5° Parmi les employés du Ministère de l'Intérieur ayant au moins le grade de rédacteur, principal et les chefs de division de préfecture ayant plus de six années de service.

Les candidats désignés aux paragraphes 2, 3, 4, 5 doivent avoir 30 ans au moins et 40 ans au plus.

Les candidats sous-inspecteurs et inspecteurs doivent passer un examen spécial qui a lieu annuellement au mois de décembre et qui porte sur les matières suivantes :

1° *Epreuves écrites*

Trois compositions sur le service de l'enfance, l'hygiène, le droit.

2° *Epreuves orales*

Deux interrogations sur le service de l'enfance et deux sur l'assistance aux adultes : une sur l'hygiène et une sur le droit.

PROGRAMME

Services de l'enfance : Loi organique du 27 juin 1904 ; historique du service, pupilles difficiles et vicieux ; protection du premier âge, nourrices, crèches, orphelinats.

Adultes : Assistance médicale gratuite ; obligatoire

aux vieillards, infirmes et incurables. Législation des aliénés, dépôts de mendicité.

Hygiène: Maladies infectieuses et contagieuses, hygiène générale de l'enfance.

Droit: droit administratif, civil et pénal.

Le traitement des inspecteurs est de 4.000 francs au début. Il peut s'élever jusqu'à 6.000 francs.

Enfants assistés

Le personnel des agences des enfants assistés comprend des surveillants, des commis et des directeurs. Les surveillants sont nommés directement par les directeurs d'agences sous leur propre responsabilité. Les commis sont recrutés au moyen d'un concours; pour prendre part à ce concours, les candidats doivent:

1° Etre Français;

2° Etre âgé de 21 ans au moins et de 30 ans au plus au 1er janvier de l'année du concours;

3° Se faire inscrire au moins dix jours avant l'ouverture du concours.

Aucune dispense d'âge ne peut être accordée, sauf en ce qui concerne les candidats ayant fait le service militaire, pour lequel la limite d'âge est prorogée d'une durée égale à celle des services.

Les candidats doivent fournir les pièces suivantes:

1° Une demande d'admission au concours, accompagnée d'une note rédigée par eux, indiquant leurs antécédents, avec certificats à l'appui;

2° Une expédition authentique de l'acte de naissance ;

3° Un extrait du casier judiciaire ayant moins de six mois de date ;

4° Un certificat de bonne vie et mœurs ;

5° Une pièce délivrée par l'autorité militaire faisant connaître la situation du candidat au point de vue de la loi sur le recrutement de l'armée ;

6° Un certificat d'aptitude physique délivré par un médecin de l'Administration.

Le concours d'admission comporte les épreuves suivantes :

1° *Epreuves écrites*

1° Dictée au point de vue de l'orthographe et de l'écriture ;

2° Composition française ;

3° Exercices de comptabilité ;

4° Problèmes d'arithmétique.

2° *Epreuves orales*

1° Histoire et géographie ;

2° Eléments de droit civil et de droit administratif ;

3° Notions générales sur l'organisation et le fonctionnement de l'Assistance publique.

Les candidats admis à ce concours entrent en fonctions dans l'ordre de leur admissibilité en qualité de stagiaires. La durée de ce stage est d'un an.

Après ce délai, les stagiaires sont titularisés.

Les traitements des commis sont de 1.800 à 3.900 francs.

Après deux ans de stage, les commis d'agence peuvent concourir pour l'emploi de directeur d'agence, dans les conditions suivantes :

Concours de directeurs d'agence

Peuvent prendre part à ce concours les commis d'agence titulaires ou stagiaires :

1° Sans condition, pour ceux qui ont un diplôme de licencié ou de docteur ;

2° Après deux ans de services, pour ceux qui sont pourvus du diplôme de bachelier ;

3° Après quatre ans de services, pour ceux qui ne sont pas pourvus de ce diplôme.

Le concours porte sur les épreuves suivantes :

1° Composition sur un sujet technique concernant les enfants assistés et portant, soit sur la pratique du service, soit sur un sujet de droit administratif ;

2° Composition sur une question exigeant la connaissance des règles de la comptabilité publique et départementale.

Epreuves orales

1° Droit administratif ;
2° Droit civil ;
3° Pratique du service.

Les directeurs d'agences reçoivent des traitements variant entre 4.000 et 7.000 francs ; les commis reçus au concours de directeurs reçoivent, en attendant leur nomination à ce grade, une haute paye de 150 francs.

4° FINANCES

1° CONCOURS POUR L'EMPLOI DE PERCEPTEUR SURNUMÉRAIRE

Nul ne peut concourir pour l'emploi de percepteur surnuméraire, s'il a moins de 21 ans ou plus de 27 ans, au 1er janvier qui a précédé l'ouverture du concours. Toutefois la limite d'âge de 27 ans est prorogée, pour les candidats qui ont accompli leur service militaire, d'une durée égale au temps passé sous les drapeaux, sans que cette prorogation puisse excéder trois ans.

Tout candidat doit produire, outre les pièces habituelles, une déclaration devant le maire de sa résidence constatant que, soit par lui-même, soit par ses parents, il dispose de ressources suffisantes pour assurer son existence pendant la durée de son stage, et l'engagement éventuel de servir dans le département, quel qu'il soit, auquel l'administration l'affectera.

Epreuves

Les sujets de composition sont uniformes ; ils sont transmis par les soins de la direction du Personnel dans chaque centre d'examen.

Le programme du concours est réglé ainsi qu'il suit :

1° Une page d'écriture faite sous la dictée sur papier non réglé, sans que le candidat puisse, pour en corriger l'orthographe, s'aider d'aucun livre ou secours étranger ;

2° Deux problèmes d'arithmétique ;

3° La copie d'un tableau conforme à un modèle donné et pouvant comporter des calculs. La valeur numérique de cette épreuve est déterminée d'après l'exactitude des opérations et la façon dont le tableau est dressé ;

4° La rédaction d'une note sur une question d'administration et de finances prise dans les matières suivantes :

a) Organisation politique, administrative et judiciaire de France ;

b) Contentieux administratif ;

c) Impôts et revenus publics ;

d) Principes fondamentaux de la comptabilité publique ;

e) Notions générales sur le domaine public, sur les expropriations pour cause d'utilité publique et les servitudes d'utilité publique.

Pour ce concours, aucun titre n'est exigé, mais une majoration de 5 0/0 est accordée aux candidats qui produisent un ou plusieurs diplômes constatant leur admission aux grades universitaires suivants :

Bachelier ès-lettres ;

Bachelier ès-sciences complet ;

Bachelier de l'enseignement secondaire classique (lettres, philosophie ou lettres mathématiques) ;

Bachelier de l'enseignement secondaire moderne (lettres, philosophie, lettres-sciences ou lettres mathématiques) ;

Bachelier de l'enseignement secondaire spécial.

Les candidats qui produisent le diplôme de licencié bénéficient d'une majoration de points de 10 0/0.

Traitement

Il est assez difficile de fixer le traitement des percepteurs, qui comprend, outre un traitement fixe, un tant pour cent sur les impôts recouvrés. Il va de 4.000 à 25.000 francs environ.

Il faut remarquer, d'autre part, que la carrière

des percepteurs admis par le concours est rendue plus difficile par les autres voies d'accès à cet emploi. En principe, tout agent de l'Etat, ayant versé, pendant dix ans, à la caisse des retraites, peut être candidat à une perception. Les rédacteurs du Ministère des Finances les recherchent. Les meilleures sont occupées par d'anciens hommes politiques, d'anciens préfets, etc.

D'une façon générale, il est difficle à un percepteur de carrière de dépasser 8 à 10.000 francs.

La situation de percepteur surnuméraire est néanmoins enviable, pour la tranquillité et l'indépendance qu'elle offre, et, malgré tout, pour les avantages du traitement de début. Il est a remarquer d'ailleurs que les conditions d'accès n'en sont pas très difficiles et que le concours de percepteur surnuméraire est abordable même à des commis de perception de recette particulière ou de trésorerie générale, munis de connaissances primaires, qui sont intelligents et travailleurs.

2° COMMIS DES TRÉSORERIES GÉNÉRALES

Recrutement

Le recrutement du personnel des Trésoreries générales s'opère par voie de concours. Pour être admis à prendre part à ce concours, il faut être âgé de 20 ans au moins et de 32 ans au plus au premier janvier de l'année du concours.

On ne peut se présenter plus de trois fois.

Pièces à fournir

Tout candidat doit fournir les pièces suivantes :

1° Une demande sur papier timbré ;

2° Une expédition authentique de son acte de naissance et, s'il y a lieu, la preuve qu'il a été naturalisé Français ;

3° Une pièce faisant connaître sa situation au point de vue de la loi militaire ;

4° Un certificat émanant d'un médecin assermenté de l'Administration et constatant qu'il ne présente aucun symptôme de maladie contagieuse de quelque nature qu'elle soit ;

5° Un certificat de bonne vie et mœurs délivré par le maire de la résidence.

Ces pièces doivent être adressées par le candidat au Trésorier général du département de sa résidence à qui elles doivent parvenir au moins deux mois avant la date du concours.

Programme du concours

Epreuves

Le concours ne comporte que des épreuves écrites. Il est ouvert simultanément à Paris et dans les villes désignées par le Directeur général de la comptabilité publique.

Il comprend les matières suivantes :

1° Une page d'écriture faite sous la dictée, sur papier non réglé et sans le concours d'un transparent (orthographe : coef. 5 ; écriture : coef. 2) ;

2° Deux problèmes portant sur les quatre premières règles de l'arithmétique, les fractions ordinaires et décimales, le système métrique, les proportions, les intérêts simples et l'escompte (coefficient 2) ;

3° Copie d'un tableau comportant des opérations (coefficient 2) ;

4° Rédaction d'une note sur un point de l'organisation du service des comptables directs du Trésor au sujet de laquelle les candidats doivent avoir des notions générales (coefficient 2) ;

5° Libellé, sous forme de lettre, d'une réponse brève à une question relative au même service (coefficient 4).

Une majoration de points de 10 0/0 est accordée aux agents auxiliaires, en fonction à l'époque du concours, qui comptent, au premier janvier précédent, dans les bureaux des Trésoreries générales ou des recettes des finances, au moins trois années de services postérieurs à l'âge de 15 ans. Le même avantage est accordé, sous les mêmes conditions, aux auxiliaires qui accomplissent leur service militaire ou qui, libérés dans l'année du concours, se sont mis en instance de réintégration.

Les commis des Trésoreries générales et des Recettes particulières bénéficient d'avantages spéciaux en ce qui concerne l'attribution des perceptions de 4e et de 3e classe.

Les traitements des Commis de Trésoreries générales sont fixés ainsi qu'il suit :

Commis, 7 classes.	1.200 à 2.000 fr.
Commis principaux, 7 classes .	2.200 à 4.000 fr.
Fondés de pouvoirs	4.000 à 7.000 fr.

Outre les traitements ci-dessus, ces agents peuvent recevoir des allocations variant de 500 francs à 700 francs, si leurs services sont satisfaisants.

3° BANQUE DE FRANCE

Admission des candidats à l'emploi de commis expéditionnaires

Sont seuls admis à prendre part au concours pour l'emploi de commis expéditionnaires :

1° Les jeunes gens ayant effectué, dans les bureaux de la Banque de France, six mois de service en qualité de stagiaires, âgés de dix-neuf ans au moins et vingt-six ans au plus ;

2° Les sous-officiers rengagés susceptibles d'obtenir un emploi civil dans les conditions prévues par les lois militaires.

Les jeunes gens qui sollicitent l'emploi de stagiaire doivent indiquer, dans leur demande, leurs antécédents, leur situation actuelle, leur âge (minimum dix-huit ans) et y joindre les pièces suivantes :

1° Extrait de l'acte de naissance ;

2° Certificat d'études et diplômes obtenus ;

3° Certificat de bonne santé délivré par un docteur.

Ils doivent être de nationalité française.

L'admission des stagiaires est prononcée, s'il y a lieu, après enquête, selon les besoins du service.

Ils reçoivent un traitement de 1.200 francs au début, à Paris, et de 1.000 francs aux succursales.

Ils ne peuvent prendre part au concours pour l'emploi de commis expéditionnaire plus de trois fois.

Les épreuves du concours consistent en :

1° Une dictée ;

2° Un exercice de calcul rapide ;

3° Copie à main posée d'un texte ;

4° Un bordereau d'escompte.

Les candidats effectuent leurs compositions, soit à Paris, soit dans les succursales désignées.

Les commis expéditionnaires sont nommés au traitement de 1.800 francs, lequel peut, par augmentations successives, si leurs services le justifient, s'élever jusqu'au maximum de 3.600 francs. Ceux qui refuseraient le poste pour lequel ils seraient désignés pourraient être considérés comme démissionnaires.

Après deux ans de services, il est statué sur leur maintien dans leurs fonctions.

Les commis expéditionnaires peuvent être admis à prendre part au concours pour l'emploi de commis titulaire, jusqu'à l'âge de trente ans. Ils conservent dans ce cas, au point de vue du traitement et de la retraite, les avantages acquis par leur temps de service, conformément aux règlements intérieurs.

Les anciens sous-officiers reçus font l'objet d'un classement spécial : un quart des nominations leur est réservé ; ils sont dispensés du stage.

La durée de la période d'épreuve à la fin de laquelle est confirmée leur nomination est réduite à un an pour ces candidats.

Les commis expéditionnaires participent à tous les avantages de la caisse de retraites des employés de la Banque de France, dans les mêmes conditions que des commis titulaires.

Ils doivent transférer à la Banque, en prenant possession de leur emploi, à titre de cautionnement, soit une action de cet établissement, soit 130 francs de rente française 3 0/0, soit 135 francs de rente 3 0/0 amortissable, et produire un extrait de leur casier judiciaire.

Admission des candidats à l'emploi de commis titulaire

Le concours pour l'admission des candidats à l'emploi de commis titulaire à la Banque de France a lieu à l'Administration centrale de Paris.

Les candidats, qui doivent être de nationalité française, ne peuvent y prendre part que de dix-neuf à vingt-six ans.

Les demandes d'admission doivent être adressées au Gouverneur ; elles indiquent les antécédents des candidats, leur situation actuelle, leur âge, mentionnent l'engagement de fournir le cautionnement exigé et sont accompagnées des pièces suivantes :

1o Extrait de l'acte de naissance ;

2o Certificats d'études et diplômes obtenus ;

3o Certificat de stage de six mois au moins effectué, comme employé, dans une maison de banque ou de commerce ;

4o Certificat de bonne santé délivré par un médecin.

Le Gouverneur, sur le vu de ces pièces et après enquête, autorise, s'il y a lieu, l'inscription des candidats.

Les candidats qui ont subi avec succès les épreuves sont nommés d'après l'ordre de classement, au fur et à mesure des vacances, soit à Paris, à

2.000 francs, soit dans les succursales, à 1.800 francs. Ceux qui refuseraient le poste pour lequel ils auraient été désignés pourraient être considérés comme démissionnaires.

Les commis ne sont nommés que pour deux ans ; à l'expiration de ce délai, le Gouverneur statue, par décision, s'ils doivent être maintenus dans leurs fonctions.

Tout candidat doit, en prenant possession de son emploi, transférer à la Banque, à titre de cautionnement, soit une action de cet établissement, soit 130 francs de rente française 3 0/0 ou 135 francs de rente 3 0/0 amortissable, et produire un extrait de son casier judiciaire.

Programme

Examen écrit

1° Dictée (l'écriture constitue un élément important de l'examen) ;

2° Composition française (sur un sujet du programme) ;

3° Exercice de comptabilité ;

4° Problème d'arithmétique ;

5° Exercice de calcul rapide (bordereau d'escompte, addition, etc.).

Examen oral

1° Géographie physique, administrative et industrielle de la France et de ses colonies, notions sommaires sur la géographie de l'Europe.

2° Notions de comptabilité.

3° Arithmétique : opérations fondamentales sur les nombres entiers et sur les nombres décimaux ; système métrique, fractions, proportions, théorie des nombres, progressions arithmétiques et géométriques ; intérêts composés et annuités ; notions d'algèbre.

4° Eléments de droit commercial : commerçants, livres de commerce. Sociétés. Effets de commerce, chèques. Faillite, liquidation judiciaire.

5° Eléments d'économie politique ; échange : monnaie, balance des paiements, change, arbitrage, gold points ; crédit, opérations générales. Différentes catégories.

Circulation monétaire et fiduciaire. Perfectionnement des moyens de paiement. Compensations. Banques étrangères d'émission. Banque de France : son rôle, son organisation. Ses opérations. Variabilité du taux d'escompte.

4° EMPLOYÉ COMPTABLE AU CRÉDIT FONCIER DE FRANCE

Le personnel du Crédit Foncier de France se recrute exclusivement par voie de concours ; ni titres, ni diplômes n'en peuvent dispenser.

Le Crédit Foncier n'admet pas de surnuméraires. Tous ses employés sont occupés à Paris.

Les concours ont lieu à Paris, à une époque déterminée par les besoins du service. La date de ce concours est fixé par le Gouverneur.

Traitement. — Avancement

Les candidats reçus au concours sont nommés stagiaires aux appointements de 150 francs par mois. Ils sont appelés au fur et à mesure des besoins de l'Administration et d'après leur rang de classement.

Ils sont titularisés au bout d'un an de stage, si leurs services sont jugés satisfaisants.

D'après les règlements en vigueur, le traitement des employés comptables varie de 2.000 à 4.000 fr. ; l'avancement a lieu par 200 francs.

Les employés comptables ont accès aux grades supérieurs par voie d'examen.

Cet emploi donne droit à une pension.

Pièces à fournir

Les candidats doivent adresser leur demande à M. le Gouverneur du Crédit Foncier de France, rue des Capucines, à Paris, accompagnées des pièces suivantes :

1° Acte de naissance dûment légalisé ;

2° Acte de mariage, s'il y a lieu ;

3° Etat faisant connaître la situation militaire du candidat ;

4° Copie des certificats ou diplômes universitaires ;

5° Certificat d'aptitude physique émanant d'un médecin désigné par l'Administration.

Programme du concours

Epreuves

Le concours comporte des épreuves écrites et des épreuves orales.

I. — *Epreuves écrites*

1° Une dictée dont le texte est choisi dans un auteur classique : coefficient 10 (1 heure) ;

2° Copie d'un texte indiqué par les examinateurs ; la note est donnée en tenant compte de la qualité de l'écriture, de la rapidité et de l'exactitude de la copie : coefficient 10 ;

3° Reproduction d'un tableau conforme à un modèle donné ;

4° Rédaction sur un sujet n'exigeant aucune connaissance spéciale : coefficient 10 ;

5° Exercices de calcul rapide (compte courant, bordereau d'escompte à différents taux, additions, etc., et problèmes).

II. — *Epreuves orales*

1° Notions sommaires sur l'organisation et les principales opérations du Crédit Foncier ;

2° Notions de comptabilité ;

3° Géographie physique et politique de la France ;

4° Pouvoirs publics, attributions des divers ministères, administration du département et de la commune.

Une note unique est donnée pour l'oral.

Les épreuves sont cotées de 0 à 20.

5° TRAVAUX PUBLICS ET CARRIERES DIVERSES

1° CONDUCTEURS DES PONTS ET CHAUSSÉES

Les conducteurs des Ponts et Chaussées sont placés sous les ordres des ingénieurs des Ponts et Chaussées, ils les aident dans les opérations de levers de plans et de nivellement, dans la recherche des éléments nécessaires pour la rédaction des projets, dans la confection des dessins, des écritures, calculs et autres travaux du bureau. Ils surveillent et contrôlent, sous la responsabilité des ingénieurs, les travaux de toute espèce.

Pour ceux en régie, ils constatent la présence sur les chantiers des chefs d'ateliers et ouvriers, et dressent les rôles de dépenses. Dans les travaux à l'entreprise, ils vérifient la qualité et l'emploi des matériaux, en constatent les quantités, tiennent les carnets d'attachement et recueillent tous les éléments des décomptes qui doivent servir de base à la délivrance des mandats de paiement.

Ils dressent des procès-verbaux sur les contraventions en matière de grande voirie, de police du roulage et de police des appareils à vapeur. Enfin ils exécutent tout ce qui leur est prescrit par les ingénieurs, dans l'intérêt du service.

Des décisions ministérielles fixent, suivant l'importance et la nature des travaux, le nombre des conducteurs attachés à chaque service d'ingénieur en chef.

La situation des conducteurs des Ponts et Chaussées a été considérablement modifiée et améliorée. Antérieurement, ces agents ne pouvaient jamais parvenir au grade d'ingénieur, réservé aux jeunes gens qui avaient pu suivre avec succès les cours de l'Ecole Polytechnique et ceux de l'Ecole des Ponts et Chaussées. Actuellement le corps des ingénieurs des Ponts et Chaussées se recrute en partie parmi les conducteurs des Ponts et Chaussées.

L'admission des conducteurs dans le corps des ingénieurs a lieu à la suite de concours et d'examens publics. On est admis à concourir après dix ans de services effectifs, à partir de la nomination au grade de conducteur de quatrième classe.

Le sixième des sujets nouveaux à admettre chaque année au grade d'ingénieur peut être pris parmi les conducteurs ayant satisfait aux conditions du concours.

La liste des conducteurs admis à concourir est arrêtée chaque année par une commission composée d'inspecteurs généraux, d'après la comparaison des titres des candidats, et le résultat d'un examen préparatoire subi par eux au chef-lieu du département dans lequel ils résident.

Le concours a lieu à Paris, devant une commission désignée par le ministre et qui est composée de trois ingénieurs en chef et d'autant d'ingénieurs ordinaires, sous la présidence d'un inspecteur général de première classe.

Nous devons ajouter que le titre de sous-ingénieur peut être accordé aux conducteurs principaux qui remplissent, depuis cinq ans au moins, les fonctions d'ingénieur ; le nombre des sous-ingénieurs est fixé à cinquante.

Depuis longtemps déjà, on a confié à des conducteurs, au moins des premières classes, des services d'ingénieurs ordinaires, qui, pour la plupart, il est vrai, ne comportent que des questions de simple entretien, de l'administration courante : on s'en est généralement très bien trouvé.

Recrutement des

Conducteurs des ponts et chaussées

Les épreuves d'admissibilité et d'admission au grade de Conducteur des Ponts et Chaussées ont lieu chaque année, aux dates fixées par le Ministre. Des avis insérés au *Journal Officiel* font connaître ces dates, en temps utile, ainsi que le nombre maximum des candidats à déclarer admissibles, à la suite des épreuves d'admissibilité, et le nombre des places mises au concours pour les épreuves d'admission.

Pour être admis à subir les épreuves d'admissibilité, les candidats doivent être Français et âgés de plus de 18 ans et de moins de 30 ans, au premier janvier de l'année dans laquelle ont lieu ces épreuves. Toutefois, la limite supérieure est reculée pour les militaires ayant servi dans l'armée active d'un nombre d'années égal à celui pendant lequel ils sont restés obligatoirement sous les drapeaux. Elle peut être reculée, par autorisation spéciale du Ministère, du nombre d'années égal à celui des années de services à l'Etat admissibles pour la retraite.

Les demandes d'admission aux épreuves d'admissibilité doivent être adressées, sur papier timbré, par l'intermédiaire de l'un des Ingénieurs en chef du département où résident les candidats, au Ministre des travaux publics, deux mois avant la date fixée pour l'ouverture des épreuves. Elles sont accompagnées :

1° D'une expédition authentique de l'acte de naissance du candidat, et, s'il y a lieu, d'un certificat établissant que le candidat possède la qualité de Français ;

2° D'un certificat de moralité délivré par le Maire du lieu de sa résidence, ou par le Commissaire de police du quartier, et dûment légalisé ;

3° D'un certificat sur papier timbré, d'un médecin assermenté de l'Administration, attestant que le candidat n'est atteint d'aucune infirmité apparente ou cachée, pouvant l'empêcher de faire, sur le terrain, les diverses opérations nécessitées par le service des Ponts et Chaussées et que l'état de ses yeux ne lui interdit pas d'être employé utilement à des travaux de dessin ;

4° D'un extrait du cahier judiciaire remontant à moins de six mois de date ;

5° D'une note faisant connaître la situation du candidat au point de vue militaire ;

6° D'une note indiquant d'une manière détaillée les études auxquelles s'est livré le candidat, les écoles et établissements d'instruction qu'il a fréquentés, avec les numéros obtenus au classement de sortie, les emplois occupés par lui dans les Administrations publiques, ainsi que la durée de l'occupation, avec les attestations des chefs hiérarchiques.

Les candidats appartenant déjà au service de l'Administration des travaux publics n'auront pas à produire les cinq premières pièces ; mais leur demande d'admission devra être accompagnée de la dernière et appuyée par les chefs hiérarchiques qui ont à formuler un avis motivé, au point de vue des services rendus.

Dans le courant du mois qui suit l'insertion au *Journal Officiel* du résultat des épreuves d'admissibilité, les candidats doivent faire connaître au Ministre, par l'intermédiaire de leurs chefs hiérarchiques ou de l'Ingénieur en chef de leur département, l'année au cours de laquelle ils désirent subir les épreuves d'admission.

Le Ministre fait connaître aux candidats, par lettre individuelle, s'ils sont ou non admis à prendre part aux épreuves ; il leur indique en temps utile les villes où ils ont à se présenter pour les subir.

Les épreuves du concours se divisent en épreuves d'admissibilité et épreuves d'admission.

Les épreuves d'admissibilité consistent en compositions écrites, dessins, métrés et opérations sur le terrain.

Les épreuves d'admission se divisent en deux parties : la première comprend un rapport sur une affaire de service, une épure et des calculs de mécanique appliquée, un projet d'ouvrage simple ou une étude de détail d'un ouvrage d'art dont les dispositions générales sont données ; les épreuves de la deuxième partie sont purement orales.

Les matières de ces diverses épreuves sont détaillées ci-dessous :

Epreuves d'admissibilité

1° Orthographe et composition française ;
2° Arithmétique ;
3° Algèbre ;
4° Géométrie ;
5° Trigonométrie ;
6° Physique et chimie ;
7° Croquis à main levée ;
8° Dessin graphique avec lavis ;
9° Avant-métré d'un ouvrage d'art ou cubature des terrasses ;
10° Lever d'un plan ;
11° Nivellement au niveau à bulle d'air.

Epreuves d'admission

1re PARTIE. — *Epreuves écrites*

1° Rapport ;
2° Epure de géométrie descriptive, de coupe de pierre, de charpente et calculs de mécanique appliquée ;
3° Projet.

2e PARTIE. — *Epreuves orales*

1° Géométrie descriptive ;
2° Mécanique et machines ;
3° Résistance des matériaux et hydraulique ;
4° Electricité ;
5° Etude du terrain et rédaction des projets ;
6° Matériaux et procédés généraux de construction ;
7° Routes et chemins vicinaux ;
8° Chemins de fer et tramways ;
9° Cours d'eau, canaux et ports maritimes ;
10° Droit administratif et pratique du service.

Lorsqu'un candidat a obtenu, aux épreuves d'admissibilité, le minimum de points exigé, ce résultat lui est définitivement acquis.

Il peut être pourvu d'un emploi dans l'Administration des Ponts et Chaussées, en prenant rang dans le cadre des commis de troisième classe.

Les épreuves d'admission doivent être subies, soit au premier concours qui suit l'admissibilité du candidat, soit au concours suivant. Toutefois, des délais supplémentaires peuvent être accordés aux candidats qui en font la demande, sans qu'en aucun cas il puisse en résulter que les épreuves d'admission soient subies plus d'une année après que le candidat a atteint la limite d'âge fixée ou prolongée conformément à l'article 2 ci-dessus.

Les candidats qui ont obtenu, à la première partie des épreuves d'admission, le minimum de points fixé, doivent subir la deuxième partie dans le courant de la même année. En cas d'insuccès final, ils doivent recommencer l'ensemble des épreuves d'admission.

Les candidats admis à la suite du concours d'admission ne peuvent être nommés conducteurs que lorsqu'ils ont atteint l'âge de 23 ans révolus et qu'ils ont satisfait aux conditions imposées par la loi militaire. Ceux qui appartiennent déjà à l'Administration ou qui demandent à y entrer sans attendre le moment où ils pourront être nommés conducteurs sont appelés à remplir les premiers emplois vacants et nommés directement à la deuxième classe.

Lorsque les agents appartenant à l'Administration des Ponts et Chaussées sont élevés au grade de conducteur, ils sont immédiatement nommés à la classe qui leur assure un traitement au moins équivalent à celui de l'emploi qu'ils occupent au moment de leur nomination.

Traitements et hiérarchie

Les Conducteurs des Ponts et Chaussées reçoivent les traitements suivants :

Conducteurs adjoints stagiaires	1.000 fr.
Conducteurs adjoints (4 cl.) .	1.200 fr. à 2.200 fr.
Conducteurs adjoints principaux, (2 classes)	2.600 fr. à 3.000 fr.
Conducteurs adjoints (hors cl.)	3.500 fr.
Conducteurs (4 classes) . . .	2.000 fr. à 3.200 fr.
Conducteurs principaux . . .	3.600 fr.

2° CONTROLEURS DES MINES

Renseignements généraux

Les contrôleurs des mines, désignés tout d'abord sous le nom d'agents secondaires ou garde-mines, sont les auxiliaires des agents des mines, comme les conducteurs des Ponts et Chaussées sont ceux des ingénieurs des Ponts et Chaussées.

Leur recrutement a lieu par voie de concours.

Concours

Les concours pour l'emploi de Contrôleur des Mines ont lieu aux époques qui sont déterminées en raison des besoins du service, par le Ministre des Travaux Publics.

Un avis inséré au *Journal Officiel* fait connaître les villes où siègent les commissions d'examen.

Nul n'est admis à concourir s'il n'est âgé de plus de vingt-et-un ans et de moins de trente ans, au premier janvier de l'année dans laquelle a lieu le concours. Toutefois, les militaires ayant passé trois ans sous les drapeaux, dans l'armée active, seront admis à concourir jusqu'à l'âge de trente-trois ans et les commis des Ponts et Chaussées et des Mines qui, à l'âge de trente ans comptaient plus de deux ans de services, pourront concourir jusqu'à trente-cinq ans.

Les demandes d'admission au concours sont adressées au Ministre avant le terme indiqué dans l'avis inséré au *Journal Officiel*. Elles seront accompagnées des pièces habituelles.

Si les candidats sont déjà au service de l'Administration des Travaux publics, leurs demandes seront transmises par l'intermédiaire et avec l'avis de leurs chefs hiérarchiques.

Le Ministre arrête la liste des candidats qui pourront se présenter au concours. Les candidats autorisés à concourir sont informés du lieu où ils devront se présenter pour subir les épreuves.

Le concours comprend des épreuves écrites et des épreuves orales.

Les examens sont subis devant des commissions régionales composées d'un ingénieur en chef et de deux ingénieurs ordinaires du corps des Mines, désignés par le Ministre. Au besoin, l'un des ingénieurs des Mines pourra être remplacé par un ingénieur du corps des Ponts et Chaussées.

Les examens portent sur les connaissances ci-après : le nombre est établi d'après les coefficients fixé comme il suit :

Compositions écrites

	Valeur des coefficients
1° Dictée . . . . (sur les points attribués à la dictée, deux sont comptés pour l'écriture et deux pour l'orthographe).	4
2° Rapport sur une affaire de service . .	3
3° Copie à une échelle donnée d'un plan proposé par la commission centrale d'examen .	4
4° Une application numérique d'arithmétique et de géométrie se rapportant de préférence à une question d'exploitation souterraine ou d'appareil à vapeur	5
Total. . . .	16

Examen oral

1° Arithmétique élémentaire	5
2° Géométrie élémentaire	5
3° Notions sur la trigonométrie rectiligne : lignes trigonométriques. — Relations entre les lignes trigonométriques d'un arc. — Principales formules trigonométriques. — Usage des tables	2
4° Notions sur la méthode des projections	1
5° Notions sur les principales machines, simples et composées : le levier, le treuil, la poulie, le plan incliné, les mouffles et la vis, en faisant abstraction du frottement . . .	2
6° Notions générales sur les appareils à vapeur	5
7° Lever des plans superficiels et souterrains	5
Total. . . .	25

Les candidats possédant des connaissances plus étendues peuvent demander qu'elles soient constatées par les examinateurs.

Les notes sont marquées de 0 à 20.

Une moyenne est établie d'après ces chiffres pour chaque partie de l'examen ; chacune de ces moyennes est multiplée par les nombres ou coefficients exprimant leur valeur relative et la somme des produits donne le nombre total de points obtenus pour l'ensemble des épreuves.

Le nombre des admissions est fixé d'après le nombre prévu des vacances et les besoins présumés des services.

L'admissibilité des candidats à l'emploi de contrôleur des Mines est prononcée par le Ministre, d'après la liste de classement présentée par la commission centrale d'examen. Cette déclaration d'admissibilité ne confère aux candidats aucun droit à une nomination immédiate ; elle les met seulement en position d'être désignés pour les emplois disponibles, soit dans le département où ils résident, soit dans tout autre département. L'administration se réserve la faculté de tenir compte, pour ces désignations, des convenances et des nécessités du service, plutôt que du rang occupé par les candidats sur la liste d'admissibilité.

En ce qui concerne le chiffre des traitements et les divers degrés de la hiérarchie, les contrôleurs des Mines sont assimilés aux conducteurs des Ponts et Chaussées.

3° COMMISSARIAT DE SURVEILLANCE ADMINISTRATIVE DES CHEMINS DE FER

Les Commissaires de surveillance administrative des chemins de fer, qui sont affectés aux principales gares de chaque réseau, ont des attributions multiples se rapportant au contrôle de la voie et des bâtiments, à l'exploitation technique et à l'exploitation commerciale.

Placés en contact immédiat et journalier avec le public et les compagnies, appelés au besoin à concilier les droits de l'un avec les devoirs de l'autre, leur mission principale consiste à veiller à la stricte observation des lois et règlements concernant les chemins de fer, à constater les procès-verbaux, les infractions qui peuvent être commises, à prévenir la justice, s'il y a lieu, à rendre compte à leurs chefs.

Traitement. — Avancement

Les Commissaires de surveillance sont répartis en quatre classes, dont les traitements sont fixés ainsi qu'il suit: 2.000, 2.300, 2.700, 3.200 francs. Ils touchent, en outre des indemnités de résidence, des frais de tournées, des indemnités des départements pour le contrôle des chemins de fer d'intérêt local, s'il y a lieu.

Le service des Commissaires peut être intéressant

en ce sens qu'ils jouissent d'une assez grande li berté d'initiative et que leurs fonctions ne se bor nent pas à un service de bureau plus ou moin monotone, ou à des écritures plus ou moins machi nales. Un des grands avantages de cette carrière c'est que les Commissaires peuvent être seuls admi à passer le concours de l'inspection commercial des chemins de fer.

Il s'agit donc d'une situation avantageuse agréa ble et indépendante. En raison de l'âge avanc qu'on exige des candidats, elle convient à ceu qui ayant fait de bonnes études, veulent quitte leur situation présente.

Concours

Le personnel des Commissaires de surveillanc administrative des chemins de fer se recrute par voie de concours. Peuvent y prendre part, les candidats français âgés de 25 ans au moins et de 30 ans au plus, au premier janvier de l'année du concours. Toutefois, la limite d'âge est reportée à 35 ans, pour les agents du Ministère des travaux publics comptant au moins cinq ans de services admissibles pour la retraite. Pour les officiers retraités des armées de terre et de mer, la limite d'âge est fixée à 50 ans.

Nul ne peut être admis à concourir plus de trois fois.

Les demandes d'admission au concours doivent être adressées sur papier timbré, au Ministère des Travaux publics, des Postes et des Télégraphes, deux mois avant l'époque fixée pour le concours.

Elles sont accompagnées :

1° D'une expédition authentique de l'acte de naissance du candidat, et, s'il y a lieu, d'un certificat établissant qu'il possède la qualité de Français ;

2° D'un certificat de moralité délivré par le maire du lieu de la résidence, ou par le commissaire de police du quartier et dûment légalisé ;

3° D'une note faisant connaître les antécédents du candidat et les établissements dans lesquels il a fait ses études ;

4° D'une note faisant connaître sa situation au point de vue militaire ;

5° D'une copie certifiée conforme des états de services, diplômes, certificats, etc. qui auraient pu lui être délivrés ;

6° D'un extrait du casier judiciaire remontant à moins de six mois de date.

Les jeunes gens exemptés du service militaire, réformés au corps ou classés dans les services auxiliaires de l'armée, sont tenus de produire, en outre, un certificat d'un médecin assermenté attestant leur aptitude physique à un service actif tel que celui de Commissaire de surveillance. Tous les candidats déclarés admissibles aux épreuves orales sont assujettis à un examen médical effectué par le médecin en chef du Ministère des Travaux publics.

Le concours comporte les épreuves suivantes :

Epreuves écrites

	Temps accordé	Coefficients
1° Rédaction sur deux affaires de service (avec croquis à l'appui s'il y a lieu)	4 h.	8
2° Reproduction, agrandissement ou réduction d'un croquis, sans le secours d'aucun instrument	1 h.	2
3° Composition de sciences (arithmétique, géométrie, mécanique et physique industrielle)	3 h.	4
4° Technique des chemins de fer (voie, matériel roulant, exploitation technique)	4 h.	8
5° Exploitation commerciale	4 h.	8
6° Notions générales de droit (droit pénal et instruction criminelle, droit commercial, droit administratif) . . .	3 h.	5
7° Législation des chemins de fer et du travail	3 h.	5
Totaux. .	22 h.	40

Dans l'épreuve figurant sous le n° 1 (rédaction de rapports sur deux affaires de service), il est tenu compte de l'écriture, de l'orthographe et de la rédaction proprement dite, en même temps que de la valeur du fond.

Epreuves orales

	Coefficients
1° Notions de mécanique et de physique industrielle	5
2° Technique des chemins de fer (voie, matériel roulant, exploitation technique)	8
3° Exploitation commerciale.	8
4° Notions générales de droit (droit pénal et instruction criminelle, droit commercial, droit administratif	5
5° Législation des chemins de fer et du travail.	5
6° Géographie de la France et des colonies	4
Total. . . .	35

4° CONTROLEURS DU TRAVAIL DES AGENTS DE CHEMINS DE FER

Les contrôleurs du travail des agents des Chemins de fer sont spécialement chargés de surveiller l'exécution des prescriptions concernant la réglementation du travail des agents de chemins de fer.

Ils sont recrutés, par voie de concours, parmi les agents ou anciens agents des services actifs des compagnies ou du réseau de l'Etat, ayant été commissionnés pendant cinq ans au moins.

Ils doivent être âgés de 28 ans au moins et de 34 ans au plus, dans le cours de l'année où ils sont admis à concourir. Toutefois, la limite ci-dessus indiquée est reculée jusqu'à 39 ans pour les conducteurs des Ponts et Chaussées et contrôleurs des Mines, qui, en outre de cinq ans de service, comme les agents commissionnés dans une compagnie ou au réseau de l'Etat, compteraient au moins cinq ans de service de l'Etat.

Les candidats ne sont admis à concourir qu'en vertu d'une décision du Ministère, rendue, après examen de leurs titres, par une commission spécialement établie à cet effet .

Les demandes d'admission au concours doivent être adressées au Ministre des Travaux publics, deux mois avant l'époque fixée pour l'ouverture du concours. Chaque demande fera connaître les nom, prénoms et adresse du candidat et sera accompagnée des pièces habituelles .

Traitements. — Avancement

Les traitements des contrôleurs du travail ont été fixés comme il suit :

Contrôleurs principaux . . .	4.500 fr.
Contrôleurs de 1re classe . .	4.000 fr.
Contrôleurs de 2e classe . .	3.500 fr.
Contrôleurs de 3e classe . .	3.000 fr.

Il n'existait encore, en 1902, que quatre contrôleurs de première classe et dix de troisième classe.

Les agents reçoivent, en outre, des indemnités pour frais de découcher, de déplacement et de changement de résidence, calculées d'après les taux des indemnités analogues allouées aux conducteurs des Ponts et Chaussées.

En raison des conditions d'accès aux concours (âge et fonctions antérieures), cette situation ne peut intéresser qu'un nombre restreint de jeunes gens. Il importe toutefois de remarquer qu'il s'agit d'un emploi nouveau où, pendant une dizaine d'années, il sera relativement facile de se placer.

Concours

Les épreuves consistent en compositions écrites et examens oraux qui portent sur les connaissances énumérées dans le programme ci-dessous et dont la valeur est fixée par les coefficients inscrits en regard.

Epreuves écrites

	Coefficienst
Composition sur une question se rattachant à la réglementation du travail des agents de chemins de fer et à la législation générale sur les accidents du travail	10
Cette composition sera également jugée au point de vue de la connaissance de la langue française.	5
Composition sur une question relative à l'exploitation des chemins de fer	5
Total. . . .	20

Epreuves orales

	Coefficients
Réglementation du travail des agents de chemins de fer	5
Notions générales sur la réglementation du travail dans l'industrie (décret-loi du 9 septembre 1848, lois du 2 novembre 1892 et du 30 mars 1909)	3
Eléments de droit pénal relatif à la répression des délits et des contraventions, à la réglementation du travail des agents de chemins de fer	5
Eléments d'hygiène industrielle	5
Notions élémentaires concernant la voie, le matériel et l'exploitation des chemins de fer	10
Le jury attribuera, en outre, à chaque candidat, une note dans laquelle il tiendra compte tant de ses antécédents dans la pratique de l'exploitation des chemins de fer que des garanties qu'il présente pour exercer avec autorité les fonctions de contrôleur du travail .	15
Total. . . .	43

La notation se fait de 0 à 20, chaque note est multipliée par l'un des coefficients ci-dessus indiqués.

Le concours consiste dans deux examens. Le premier, comportant les épreuves écrites, a lieu dans l'une des villes ci-après : Paris, Tours, Dijon, Nancy, Lille, Rouen, Le Mans, Nantes, Bordeaux, Toulouse, Marseille et Lyon ; le second, comprenant les épreuves orales, est subi à Paris.

Les épreuves du premier degré ont lieu sous la

surveillance d'un fonctionnaire désigné à cet effet par le Ministre des Travaux publics ; ce fonctionnaire recueille les compositions et les adresse, avec le procès-verbal de la séance, au président de la commission. Celle-ci procède d'urgence à la correction et à l'examen en commun des compositions écrites. Elle en rend compte au Ministre, qui arrête, sur ses propositions, la liste des candidats admis à subir les épreuves du second degré.

Sont seuls admis à ces dernières épreuves, les candidats qui ont obtenu au moins 220 points pour l'ensemble des compositions écrites et au moins 10 pour chacune des épreuves.

Les épreuves du second degré ont lieu à Paris, sous la direction du président, devant la Commission tout entière. Les candidats autorisés à prendre part au concours peuvent y assister.

Le classement d'ensemble des candidats admis à prendre part aux épreuves du second degré est arrêté par la Commission et transmis par son président au Ministre des Travaux publics, avec un rapport sur les opérations écrites des candidats. Ce rapport fait connaître la liste des candidats que la Commission propose d'admettre à l'emploi de contrôleur du travail.

Cette liste d'admissibilité est dressée par ordre de mérite, d'après les résultats des examens ; mais nul ne peut y être porté, s'il n'a obtenu :

1° Au moins la note 10 pour chacune des épreuves ;

2° Au moins le nombre de 910 points pour la somme totale des points calculés.

5° COMMIS DE L'HYDRAULIQUE AGRICOLE

Les commis de l'Hydraulique agricole sont attachés aux bureaux des ingénieurs des Ponts et Chaussées, ou adjoints à des conducteurs, pour la surveillance des curages, travaux d'irrigation, de dessèchement et autres relatifs à l'aménagement agricole des eaux.

Ils sont exclusivement employés au service de l'hydraulique agricole.

Tous les commis débutent par le grade de commis stagiaires, à l'exception des candidats admissibles au grade de conducteur des Ponts et Chaussées ou de contrôleur des Mines, qui débutent par la troisième classe.

Tous les emplois de commis stagiaires sont réservés aux anciens militaires remplissant les conditions déterminées par les règlements d'administration publique du 28 janvier 1892, en exécution de la loi du 15 juillet 1889.

A défaut de candidats de cette catégorie, le Ministre peut nommer le nombre de commis stagiaires nécessaire aux besoins du service.

Traitements

Le traitement des commis de l'hydraulique agricole est fixé ainsi qu'il suit :

Commis stagiaires	1.000 fr.
Commis	1.200 fr. à 2.200 fr.
Commis principaux	2.600 fr. à 3.000 fr.

6° GÉOMÈTRES DU CADASTRE

Il est ouvert, chaque année, si les besoins du service le comportent, un concours pour l'admission d'élèves géomètres au service du renouvellement ou de la révision et de la conservation du cadastre.

Nul ne peut être admis à concourir si, au premier janvier de l'année où le concours doit avoir lieu, il est âgé de moins de 18 ans et de plus de 25 ans.

Cette dernière limite est prorogée d'une année pour chaque année de service militaire accompli dans l'armée active ; mais le postulant ne peut être inscrit sur la liste des candidats s'il a atteint l'âge de 30 ans au premier janvier de l'année du concours.

Le candidat doit adresser sa demande (sur papier timbré) au directeur des Contributions Directes du département où réside sa famille ; s'il est orphelin ou majeur, sa demande doit être adressée au Directeur des Contributions Directes du département où il réside lui-même.

Il doit produire, à l'appui de cette demande, les pièces habituelles.

Examen des candidats

Les jeunes gens dont la candidature a été admise subissent un examen qui est divisé en deux parties et qui comprend des épreuves écrites et des épreuves orales.

Les premières sont subies par l'ensemble des candidats autorisés à concourir ; les épreuves orales, auxquelles prennent seulement part les jeunes gens déclarés admissibles, ont pour objet de décider de leur admission définitive.

Epreuves écrites

Les épreuves écrites sont subies le même jour, sur tous les points du territoire, et, autant que possible, au chef-lieu du département où les candidatures ont été produites, devant une commission composée du Directeur ou de l'Inspecteur, et d'un contrôleur des Contributions directes.

Le programme des épreuves écrites est réglé ainsi qu'il suit :

1° Rédaction sur un sujet donné ;

2° Dictée ;

3° Copie de cette dictée et d'un tableau de chiffres, à titre d'épreuve calligraphique ;

4° Rapport exact avec des écritures dessinées d'une partie de plan cadastral à l'échelle du 1.000e, d'après un croquis coté ;

5° Copie d'un dessin topographique à l'échelle du 10.000e avec courbes de niveau ;

6° Résolution d'un triangle par les logarithmes.

Epreuves orales

Ces épreuves portent :

1° Sur l'arithmétique ;

2° Sur l'algèbre ;

3° Sur la géométrie plane ;

4° Sur les logarithmes ;
5° Sur la trigonométrie rectiligne.

Stage et indemnité spéciale des élèves géomètres

Les élèves géomètres du cadastre reçoivent une indemnité mensuelle de 120 francs, pendant une période de 6 mois au moins et d'une année au plus, à partir du jour de leur entrée en fonctions.

Passé ce dernier délai, ils sont rétribués exclusivement à la tâche, à raison des travaux qui leur sont confiés et moyennant les indemnités allouées par les tarifs réglementaires pour l'exécution de ces travaux.

Examen professionnel des élèves géomètres

Aucun élève géomètre ne peut être nommé géomètre du cadastre qu'après avoir accompli un stage de 6 mois au moins et subi avec succès, devant une commission spéciale, un examen professionnel portant sur les matières suivantes :

1° Théorie et pratique des divers travaux de la partie d'art du cadastre, description raisonnée et usage des instruments employés pour ces travaux ;

2° Notions usuelles de droit et de législation nécessaires au géomètre de cadastre pour la délimitation et le bornage des propriétés, la reconnaissance des propriétaires, leur désignation sur des documents cadastraux ;

3° Lois, décrets, règlements et instructions intéressant le service technique du cadastre, notions sommaires sur l'impôt foncier et sur son mode d'assiette ;

4° Organisation politique, administrative et judiciaire du département.

Les élèves géomètres qui ont satisfait aux épreuves de cet examen sont déclarés aptes au grade de géomètre et pourvus d'un emploi au fur et à mesure des vacances.

Il peut être accordé sur leur demande, aux élèves géomètres qui n'ont pas été admis, un délai d'une année, pour subir de nouveau les mêmes épreuves. Un nouvel échec entraîne leur radiation définitive du cadre des élèves géomètres.

7° INSPECTEURS DU TRAVAIL

Conditions d'admission

Le recrutement des inspecteurs départementaux du travail a lieu exclusivement par voie de concours.

Nul n'est admis à concourir, s'il n'a préalablement justifié :

1° Etre Français ;

2° Avoir accompli sa vingt-sixième année au moins

et sa trente cinquième année au plus, au premier janvier de l'année pendant laquelle a été pris l'arrêté ministériel ouvrant le concours. Aucune dispense d'âge n'est accordée.

Les concours ont lieu suivant les besoins du service : le nombre des places mises au concours et la date des examens sont fixés par arrêté ministériel.

Cet arrêté fixe la date à laquelle les demandes d'admission doivent être parvenues au Ministère du Travail et de la Prévoyance sociale.

Nul ne peut être admis aux fonctions d'inspecteur, s'il est atteint d'une maladie ou infirmité le rendant impropre à un service actif (faiblesse de constitution, tuberculose, claudication, myopie, surdité, etc.).

Un examen portant sur l'aptitude physique des candidats sera passé à Paris, devant un médecin désigné par le Ministre du Travail et de la Prévoyance sociale. Seront seuls appelés à y prendre part les candidats ayant subi avec succès les épreuves écrites et leur admissibilité aux épreuves sera subordonnée au résultat favorable de cet examen.

Cet examen médical étant particulièrement sévère, les personnes qui voudront poser leur candidature au concours pour l'inspection du travail auront intérêt à se faire examiner très soigneusement par un médecin pour éviter de s'exposer aux pertes de temps et d'argent que leur occasionneraient leur préparation au concours et leur voyage à Paris, s'ils étaient ensuite reconnus impropres aux fonctions d'inspecteur.

Le même candidat ne peut être admis à prendre part à plus de deux concours.

Les candidats déclarés admissibles à la suite du concours sont nommés inspecteurs départementaux.

Les inspecteurs ne peuvent être élevés de classe

qu'après trois ans de service au moins dans la classe immédiatement inférieure et lorsqu'ils figurent sur le tableau d'avancement personnel.

Les inspecteurs divisionnaires sont nommés au choix parmi les inspecteurs départementaux appartenant au moins à la troisième classe.

Concours

Epreuves écrites

1° Une composition sur une question se rattachant aux lois réglementant le travail et à leur sanction. Cette composition est également jugée au point de vue de la forme (division du sujet, orthographe, écriture). La durée de cette épreuve est de trois heures.

Coefficient : 4, au point de vue du fond ; 2, au point de vue de la forme ;

2° Une composition sur une question d'hygiène industrielle. La durée de cette épreuve est de deux heures. Coefficient 3 ;

3° Une composition sur les éléments de mécanique et d'électricité. La durée de cette épreuve est de trois heures. Coefficient 3.

Epreuves orales

Les épreuves orales comprennent les interrogations sur les matières ci-après :

1° Lois réglementant le travail et les éléments de droit pénal relatifs à la répression des infractions à ces lois ;

2° Notions générales de législation ouvrière, coefficient 1 ;

3° Eléments d'hygiène industrielle, coefficient 3 ;

4° Eléments de mécanique et d'électricité, coefficient 3 ;

5° Mécanique appliquée, coefficient 2 ;

6° Epreuves pratiques facultatives de travail industriel, coefficient 2.

8° VÉRIFICATEUR-ADJOINT DES POIDS ET MESURES

Conditions d'admission au concours

Nul ne peut être nommé vérificateur des poids et mesures s'il n'a été déclaré admissible à cet emploi, à la suite d'un concours comportant des épreuves écrites ou orales.

Pour prendre part à ce concours, il faut :

1° Etre Français ;

2° Etre âgé de 22 ans au moins et de 29 ans au plus, au premier janvier de l'année du concours. La limite d'âge est reculée d'une année pour tout candidat qui a été admis à prendre part aux épreuves du concours précédent.

Pièces à fournir

En même temps que la demande d'admission, faite sur papier timbré, les candidats doivent produire les pièces suivantes :

1° Une expédition authentique de l'acte de naissance du candidat et, s'il y a lieu, un certificat établissant qu'il possède la qualité de Français ;

2° Un certificat de bonne vie et mœurs délivré par le maire de la commune où le candidat a son domicile et ne remontant pas à plus de trois ans.

3° Un extrait du casier judiciaire ne remontant pas à plus de trois mois ;

4° Une pièce constatant que le candidat a satisfait à la loi militaire ou, en cas d'exemption, une pièce indiquant les causes ;

5° Une note signée du candidat faisant connaître d'une manière précise ses antécédents et accompagnée, s'il est nécessaire, des certificats des maisons de commerce ou établissements quelconques dans lesquels il a été employé ;

6° Si le candidat a appartenu ou s'il appartient à un service public, un état certifié de ses services et de leur durée ; les candidats appartenant à l'instruction publique devront y joindre une pièce constatant qu'ils sont libres, avant le 31 décembre de l'année du concours, de tout engagement, tant au point de vue du service militaire qu'à celui du remboursement des frais d'études à l'Ecole normale, par application de la circulaire du Ministre de l'Instruction publique du 19 janvier 1905.

Programme du concours

Epreuves

Le concours comprend des épreuves écrites et des épreuves orales .

Epreuves écrites

	Coefficients
1° Un ou plusieurs problèmes portant sur les connaissances scientifiques exigées à l'oral	3
2° Rapport administratif se rattachant à la législation des poids et mesures	3
3° Une composition française	3

L'orthographe et l'écriture seront appréciées sur l'ensemble des compositions écrites.

Epreuves orales

1° Arithmétique	3
2° Algèbre	2
3° Trigonométrie	2
4° Géométrie	4
2° Mécanique	2
6° Physique	
7° Chimie	

8° Lois et règlements sur l'organisation du service de la vérification des instruments de mesure et de pesage, la repression des fraudes dans la vente, la police du roulage et la frappe des monnaies 1
9° Opérations pratiques 1

Traitement

Le traitement des vérificateurs des poids et mesures est fixé comme suit :

Vérificateurs adjoints .	1.800 fr.
Vérificateurs (6 cl.) .	2.100 fr. à 4.000 fr.
Vérificateurs en chef .	5.000 fr. à 7.000 fr.

TROISIÈME PARTIE

CARRIÈRES ADMINISTRATIVES OUVERTES AUX BACHELIERS

Sommaire :

Programmes du baccalauréat. — Contributions directes. — Enregistrement, Domaines et Timbre. — Manufactures de l'État. — Administration des Douanes.

BACCALAUREAT DE L'ENSEIGNEMENT SECONDAIRE

Centres d'examens. — Sessions

Les examens qui déterminent la collation du grade de Bachelier de l'enseignement secondaire sont subis devant les Facultés des lettres et des sciences, au siège des Universités et dans les villes désignées par le Ministre de l'Instruction publique.

Les Facultés des sciences et des lettres procè-

8.

dent, chaque année, en deux sessions, aux examens du baccalauréat de l'enseignement secondaire.

Les sessions ont lieu : la première, à la fin, la seconde au commencement de l'année scolaire.

Conditions d'admissibilité à l'examen

Nul ne peut, sauf le cas de dispense, se présenter à l'examen du baccalauréat de l'enseignement secondaire, s'il n'est âgé de seize ans accomplis.

Des dispenses d'âge peuvent être accordées par le Ministre. Ces dispenses ne peuvent porter sur une période de plus d'une année.

Inscription

Tout candidat doit déposer ou faire déposer, dans les délais fixés, au secrétariat de la Faculté des Sciences ou de la Faculté des Lettres, les pièces suivantes :

1° Son acte de naissance dûment légalisé, constatant qu'il a l'âge requis par les règlements ;

2° Une demande écrite en entier de sa main, signée de ses nom et prénoms. Si le candidat est mineur, sa demande doit être accompagnée de l'autorisation de son père ou tuteur.

La signature du candidat et, s'il est mineur, celle de son père ou tuteur, doivent être légalisées ;

3° Une note indiquant quelle série d'épreuves il demande à subir.

A ces pièces peut être joint un livret scolaire.

Les inscriptions sont reçues :

Au Secrétariat de la Faculté des lettres, pour les mentions ci-après désignées de la première partie : latin-grec, latin-langues vivantes, latin-sciences, et pour la mention : philosophie, de la seconde partie.

Au Secrétariat de la Faculté des sciences, pour la mention : sciences-langues vivantes, de la première partie, et pour la mention : mathématiques, de la seconde partie.

Tout candidat régulièrement inscrit doit être examiné dans la session pour laquelle il s'est fait inscrire.

L'inscription n'est valable qu'après consignation des droits à acquitter.

Livret scolaire

Tout candidat peut produire, en se faisant inscrire, un livret scolaire établi dans les formes prescrites par l'arrêté ministériel du 8 août 1890.

Cette production n'est autorisée que devant la Faculté dans le ressort de laquelle se trouve l'établissement auquel appartient le candidat.

Dans l'Académie de Chambéry, les livrets scolaires peuvent être produits devant les Facultés des Universités de Lyon et de Grenoble.

Les livrets sont examinés par les jurys.

Il est tenu compte, pour l'admissibilité et pour l'admission, des renseignements qu'ils contiennent.

Lorsqu'un candidat a présenté un livret scolaire, il ne peut être ajourné, soit après l'épreuve écrite, soit après l'épreuve orale, sans que le jury ait examiné son livret dans sa délibération sur l'ajournement.

Mention en est portée sous la signature du président du jury, sur le livret et sur la feuille d'examen.

Division de l'examen en deux parties

Les épreuves du baccalauréat de l'enseignement secondaire sont divisées en deux parties.

Nul ne peut se présenter aux épreuves de la seconde partie qu'un an après avoir subi avec succès celles de la première.

Aucune dispense ne sera accordée.

L'intervalle compris entre la section d'octobre-novembre et celle de juillet-août compte pour une année.

Epreuves

Les épreuves sont : les unes écrites, les autres orales.

Les épreuves écrites sont éliminatoires.

PREMIÈRE PARTIE (QUATRE SÉRIES D'ÉPREUVES)

Les candidats à la première partie peuvent choisir, au moment de leur inscription, entre quatre séries d'épreuves : latin-grec, latin-langues vivantes, latin-sciences, sciences-langues vivantes.

I. Latin-grec (série A.)

Epreuves écrites

1° Composition française ;
2° Une version latine ;
3° Une version grecque.

Epreuves orales

1° L'explication d'un texte grec ;
2° L'explication d'un texte latin ;
3° L'explication d'un texte français ;
4° Une épreuve de langue vivante étrangère (allemand, anglais, espagnol, italien ou russe, — arabe dans l'Académie d'Alger), au choix du candidat, — suivant le mode déterminé par l'instruction suivante :

A. — L'examinateur remet au candidat un texte facile tiré d'un ouvrage contemporain ou d'une publication périodique : le candidat lit ce texte à haute voix. Puis il le résume, en se servant de la langue étrangère.

S'il est dans l'impossibilité de le faire, il lui est permis de présenter son résumé en français ; mais ce fait constitue une infériorité, dont il est tenu compte dans l'établissement de la note.

L'examinateur pose ensuite quelques questions au

candidat, au sujet du texte lu par lui : questions et réponses sont faites en langue étrangère.

B. — Le candidat explique un court passage d'un auteur classique, choisi parmi ceux qu'il déclarera avoir lus. A propos de ce texte, il lui est posé, en français, quelques questions grammaticales et littéraires, auxquelles il pourra répondre, soit en français, soit en langue étrangère ;

5° Une interrogation sur l'histoire ancienne, d'après le programme de la classe de première de la section A de l'enseignement secondaire ;

6° Une interrogation sur l'histoire moderne, d'après le même programme ;

7° Une interrogation sur la géographie, d'après le même programme ;

8° Une interrogation sur l'histoire moderne, d'après le même programme ;

9° Une interrogation sur la physique, d'après le même programme.

II. Latin-langues vivantes (série B.)

Epreuves écrites

1° Une composition française ;

2° Une version latine ;

3° Une composition en langue vivante étrangère (allemand, anglais, espagnol, italien ou russe — arabe dans l'Académie d'Alger), — au choix du candidat, d'après le mode déterminé par l'instruction suivante :

L'épreuve écrite de langue vivante consiste en une composition dans la langue étrangère choisie par le candidat (narration, description, lettre) sur une matière indiquant le plan et fournissant les principales idées du sujet dans la langue étrangère choisie par le candidat.

L'usage d'un dictionnaire en langue étrangère sans traduction est autorisé.

La durée de cette épreuve sera de trois heures.

Epreuves orales

1° L'explication d'un texte latin ;

2° L'explication d'un texte français ;

3° Deux épreuves sur deux langues vivantes étrangères dont une porte obligatoirement sur l'allemand ou l'anglais, l'autre sur l'allemand, l'anglais, l'espagnol, l'italien ou le russe, au choix du candidat, d'après le mode déterminé par l'instruction officielle ;

4° Une interrogation sur l'histoire ancienne, d'après le programme de la classe de première de la section B de l'enseignement secondaire ;

5° Une interrogation sur l'histoire moderne, d'après le même programme ;

6° Une interrogation sur la géographie, d'après le même programme ;

7° Une interrogation sur les mathématiques, d'après le même programme.

III. Latin-sciences (série C.)

Epreuves écrites

1° Une composition française ;

2° Une version latine ;

3° Une composition de mathématiques et de physique.

Epreuves orales

1° L'explication d'un texte latin ;

2° L'explication d'un texte français ;

3° Une épreuve de langue vivante étrangère (allemand, anglais, espagnol, italien ou russe, — arabe dans l'Académie d'Alger), — au choix du candidat, d'après le mode déterminé par l'instruction officielle ;

4° Une interrogation sur l'histoire, d'après le programme de la classe de première de la section C de l'enseignement secondaire ;

5° Une interrogation sur la géographie, d'après le même programme ;

6° Une interrogation sur les mathématiques, d'après le même programme ;

7° Une interrogation sur la physique, d'après le même programme ;

8° Une interrogation sur la chimie, d'après le même programme.

IV. Sciences-langues vivantes (série D.)

Epreuves écrites

1° Une composition française ;

2° Une composition en langue vivante étrangère (allemand, anglais, espagnol, italien ou russe, — arabe dans l'Académie d'Alger), — au choix du candidat, d'après le mode déterminé par l'instruction officielle ;

3° Une composition de mathématiques et de physique.

Epreuves orales

1° L'explication d'un texte français choisi dans les ouvrages inscrits au programme des classes de seconde et de première de la section D de l'enseignement secondaire ;

2° Deux épreuves sur deux langues vivantes étrangères, dont une porte obligatoirement sur l'allemand ou l'anglais, l'autre, au choix du candidat, sur l'allemand, l'anglais, l'espagnol ou le russe, d'après le mode déterminé par l'instruction officielle ;

3° Une interrogation sur l'histoire, d'après le même programme ;

4° Une interrogation sur la géographie, d'après le même programme ;

5° Une interrogation sur les mathématiques, d'après le même programme ;

6° Une interrogation sur la physique d'après le même programme ;
7° Une interrogation sur la chimie, d'après le même programme.

SECONDE PARTIE (DEUX SÉRIES D'ÉPREUVES)

Les candidats à la seconde partie peuvent choisir, au moment de leur inscription, entre les deux séries suivantes d'épreuves.

I. Philosophie

Epreuves écrites

1° Une dissertation française sur un sujet de philosophie ;
2° Une composition de sciences physiques et de sciences naturelles.

Epreuves orales

1° Une interrogation sur la philosophie ;
2° Une interrogation sur les auteurs philosophiques ;
3° Une interrogation sur l'histoire contemporaine ;
4° Une interrogation sur la géographie ;

5° Une interrogation sur les sciences physiques et la cosmographie ;

6° Une interrogation sur les sciences naturelles et l'hygiène.

Les épreuves de cette série se font d'après les programmes de la classe de philosophie.

II. Mathématiques

Epreuves écrites

1° Une composition de mathématiques ;

2° Une composition de sciences physiques ;

3° Une dissertation de philosophie.

Epreuves orales

1° Une interrogation sur les mathématiques ;

2° Une interrogation sur la physique et la chimie ;

3° Une interrogation sur les sciences naturelles et l'hygiène ;

4° Une interrogation sur l'histoire contemporaine ;

5° Une interrogation sur la philosophie ;

6° Une interrogation sur la géographie.

Les épreuves de cette série se font d'après les programmes de la classe de mathématiques.

Candidats inscrits pour plusieurs séries à la fois

Les candidats au baccalauréat de l'enseignement secondaire peuvent, soit à la première partie, soit à la seconde partie, s'inscrire à la fois pour plusieurs séries et subir, dans une même session, l'examen pour ces différentes séries.

Lorsqu'un candidat, qui a subi les épreuves d'une série avec succès, soit de la première, soit de la seconde partie, se présente, dans la même session ou dans une session ultérieure, à une autre série d'épreuves de ce même baccalauréat, il ne subit pas de nouveau les épreuves portant sur les mêmes matières et les mêmes programmes que les épreuves similaires de la même série.

A la seconde série d'épreuves, les notes obtenues dans cette série entrent seules en ligne de compte pour l'admissibilité et pour l'admission.

Durée des compositions et de l'examen oral

Epreuves écrites

La durée des compositions est fixée ainsi qu'il suit :

Première partie

1° *Latin-grec*

Composition française, trois heures ;
Version latine, trois heures ;
Version grecque, trois heures.

2° *Latin-langues vivantes*

Composition française, trois heures ;
Version latine, trois heures ;
Composition en langue vivante étrangère, trois heures.

3° *Latin-sciences*

Composition française, trois heures ;
Version latine, trois heures ;
Composition de mathématiques et de physique, quatre heures.

4° *Sciences-langues vivantes*

Composition française, trois heures ;
Composition en langue vivante étrangère, trois heures.
Composition de mathématiques et de physique, quatre heures.

Seconde partie

1° *Philosophie*

Dissertation sur un sujet de philosophie, quatre heures ;

Composition sur les sciences physiques et naturelles, deux heures.

2° *Mathématiques*

Composition de mathématiques, trois heures ;
Composition de sciences physiques, trois heures ;
Dissertation philosophique, trois heures.

3° *Epreuves orales*

Les épreuves orales sont publiques.

La durée de l'examen oral est, en moyenne, de trois quarts d'heure, pour chaque candidat.

Notes et coefficients

La valeur de chaque épreuve est exprimée par une note variant de 0 à 20.

Les coefficients suivants sont attribués aux différentes épreuves :

Première partie

1° *Latin-grec*

Composition française	2
Version latine	2
Version grecque	2
Explication grecque.	1
Explication latine.	1
Explication française	1
Epreuve de langue vivante étrangère	2
Interrogation sur l'histoire ancienne	1
Interrogation sur l'histoire moderne	1
Interrogation sur la géographie . .	1
Interrogation sur les mathématiques	0,5
Interrogation sur la physique . . .	0,5

2° *Latin-langues vivantes*

Composition française	2
Version latine	2
Composition en langue vivante étrangère	2
Explication latine.	1
1re Epreuve de langue vivante . .	1
2e Epreuve de langue vivante . .	1
Interrogation sur l'histoire ancienne	1
Interrogation sur l'histoire moderne	1
Interrogation sur la géographie . .	1
Interrogation sur les mathématiques	0,5
Interrogation sur la physique . . .	0,5

3° *Latin-sciences*

Composition française	2
Version latine	2
Composition de mathématiques et de physique	4
Explication latine.	1
Explication française	2
Epreuve de langue vivante étrangère	2
Interrogation sur l'histoire	1
Interrogation sur les mathématiques	3
Interrogation sur la géographie . .	1
Interrogation sur la physique. . .	2
Interrogation sur la chimie . . .	1

4° *Sciences-langues vivantes*

Composition française	2
Composition en langue vivante étrangère.	2
Composition de mathématiques et de physique	4
Explication française	1
Interrogation sur l'histoire	1
Interrogation sur la géographie . .	1
1re Epreuve de langue vivante . .	1
2e Epreuve	1
Interrogation sur les mathématiques	3
Interrogation sur la physique. . .	2
Interrogation sur la chimie . . .	1

Seconde partie

1° *Philosophie*

Dissertation philosophique	2
Composition de sciences	1
Interrogation sur la philosophie .	2
Interrogation sur les auteurs philosophiques.	1
Interrogation sur l'histoire contemporaine.	1
Interrogation sur la géographie . .	1
Interrogation sur les sciences physiques et la cosmographie	2
Interrogation sur les sciences naturelles et l'hygiène	1

2° *Mathématiques*

Composition de mathématiques . .	2
Composition de sciences physiques .	2
Dissertation philosophique	1
Interrogation sur les mathématiques	3
Interrogation sur la physique et la chimie	3
Interrogation sur les sciences naturelles et l'hygiène	1
Interrogation sur la philosophie .	1
Interrogation sur l'histoire contemporaine	1
Interrogation sur la géographie .	1

Pour être admis, les candidats doivent avoir obtenu la moitié du nombre maximum des points, c'est-à-dire :

Première partie

Latin-grec.	150 points
Latin-langues vivantes. . .	140 points
Latin-sciences	200 points
Sciences-langues vivantes .	190 points

Seconde partie

Philosophie.	110 points
Mathématiques	150 points

Les certificats d'aptitude portent les mentions suivantes :

Passable, quand le candidat a obtenu la moitié du nombre maximum des points, c'est-à-dire 10 ;

Assez-bien, quand le candidat a obtenu la moyenne de 12 points ;

Bien, quand le candidat a obtenu la moyenne de 14 points ;

Très bien, quand le candidat a obtenu la moyenne de 16 points.

Bénéfice de l'admissibilité

Le bénéfice de l'admissibilité aux épreuves orales, après échec à ces épreuves, est acquis aux candidats pour les deux sessions suivantes, à la condition qu'ils se présentent, pour réparer leur échec, devant la Faculté où ils l'ont subi.

Ajournement

Aucun ajournement, soit après les épreuves écrites, soit après les épreuves orales, ne peut être prononcé qu'en vertu d'une délibération du jury réuni à cet effet.

Le candidat ajourné ne peut se présenter dans le cours de la même session.

Forme des examens

Les compositions écrites ont lieu au choix des Facultés, soit en une série unique, soit en séries simultanées ou en séries successives.

Dans le premier cas, il y a au moins un centre de composition dans chaque département de l'Académie.

Dans le second cas, les compositions ont lieu au siège de la Faculté et chaque série comprend au maximum 30 candidats.

Dans tous les cas, elles se font sous la surveillance d'un membre du jury.

Sauf dans le cas où ils sont envoyés par le Ministre, les textes et sujets des épreuves écrites sont choisis par le doyen de la Faculté des lettres, pour les compositions littéraires, par le doyen de la Faculté des sciences, pour les compositions scientifiques.

Chaque candidat, immédiatement avant de subir les épreuves, écrit et signe, sur un registre spécial visé et paraphé par le doyen, une déclaration conforme au modèle prescrit. Le secrétaire vérifie l'identité de la signature et de l'écriture en les confrontant avec celle de la demande du candidat.

Les candidats sont prévenus des suites que pourraient avoir pour eux, d'après les lois et règlements, les fausses signatures apposées aux actes, ainsi que toute autre fraude ou tentative de fraude.

Les candidats ne peuvent avoir aucune communication avec le dehors ou entre eux, sous peine d'exclusion. Il leur est interdit d'apporter aucun papier, aucun cahier, aucune note, aucun livre autre que les dictionnaires autorisés et les tables de logarithmes.

Ils ne peuvent faire usage que des feuilles de papier qui leur sont remises.

Droits d'examen

Les droits à percevoir par le Trésor public pour

le baccalauréat de l'enseignement secondaire sont fixés ainsi qu'il suit :

1re partie.	Examen	40 fr.	50 fr.
	Certificat d'aptitude	10 fr.	
2e partie.	Examen	40 fr.	90 fr.
	Certificat d'apt. .	10 fr.	
	Diplôme	40 fr.	

Total des droits pour les deux parties de l'examen . . . . 140 fr.

Le candidat doit consigner 50 francs, avant les épreuves de la première partie et 90 francs avant les épreuves de la deuxième partie.

Lorsque le candidat est ajourné pour la première partie, il lui est remboursé la somme de 10 francs sur les 50 francs qu'il a consignés.

Lorsqu'il est ajourné pour la deuxième partie, il lui est remboursé 50 francs, sur les 90 francs qu'il a consignés.

Tout candidat qui, sans excuse jugée valable par la Faculté, ne répond pas à l'appel de son nom, le jour qui lui a été indiqué, est renvoyé à une autre session et perd le montant des droits d'examen qu'il a consignés.

Le candidat admis à l'une des séries de la deuxième partie et qui désire subir les épreuves de l'autre série est tenu de consigner, pour chacune des séries, les droits ci-après indiqués.

Examen	40 fr.
Certificat d'aptitude	10 fr.
Total. . .	50 fr.

En cas d'échec, il est remboursé au candidat la somme de 10 francs, sur les 50 francs qu'il a consignés.

Diplômes

Les diplômes sont conférés par le Ministre de l'instruction publique dans les formes déterminées par les lois et règlements relatifs aux grades d'Etat.

Sont inscrites sur les diplômes les mentions suivantes :

Latin-grec, philosophie ou mathématiques ;

Latin-langues vivantes, philosophie ou mathématiques ;

Latin-sciences, philosophie ou mathématiques ;

Sciences-langues vivantes, philosophie ou mathématiques.

Dans le cas où un candidat a subi l'examen pour plusieurs séries, soit à la première, soit à la seconde partie, les différentes mentions obtenues par ce candidat sont inscrites sur son diplôme.

Les diplômes sont transmis aux Recteurs, qui les délivrent après les avoir signés.

Nul diplôme n'est remis à l'impétrant qu'après que celui-ci a apposé sa signature, tant sur le titre même que sur le registre spécial qui sert à constater la remise du diplôme, ou sur un récépissé qui doit être annexé à ce registre.

Tout diplôme qui ne porte point la signature de l'impétrant et celle du Recteur est sans valeur.

Sanctions

Le baccalauréat de l'enseignement secondaire, institué par le décret du 31 mai 1902, est admis, quelle que soit la mention inscrite sur le diplôme, pour l'inscription dans les Facultés et Ecoles d'enseignement supérieur, en vue des grades ou titres conférés par l'Etat.

1° ADMINISTRATION DES CONTRIBUTIONS DIRECTES

Cette administration est chargée de l'assiette et de la répartition des impôts directs et des taxes assimilées. Elle se ramifie dans toute la France et elle possède dans chaque département, une direction composée d'un Directeur, d'un Inspecteur, de Contrôleurs et de Surnuméraires, qui reçoivent les traitements suivants :

Les cent plus anciens surnuméraires : 50 francs par mois.

Contrôleurs ordinaires .	1.500 à 3.400 fr.
Contrôleurs principaux. .	3.400 à 5.200 fr.
Inspecteurs	5.000 à 6.000 fr.
Directeurs	7.000 à 10.000 fr.

On entre dans cette administration par le surnumérariat.

Conditions d'admission au surnumérariat

L'admission au surnumérariat a lieu par voie de concours.

Nul ne peut être admis à concourir si, au premier mai de l'année pour laquelle le concours est ouvert, il est âgé de moins de dix-huit ans ou de plus de vingt-cinq ans.

Toutefois, par exception à la disposition qui précède, sont admis à concourir :

1° Jusqu'à l'âge de vingt-six ans, les jeunes gens qui ont accompli de six mois à un an de service militaire dans l'armée active ;

2° Jusqu'à l'âge de vingt sept ans, les jeunes gens qui ont accompli plus d'une année de service militaire dans l'armée active.

Tout candidat doit se présenter à la Direction des Contributions directes du département où réside sa famille, ou s'il est orphelin, du département où il réside lui-même.

Il rédige sa demande d'admission (sur papier timbré) sous les yeux du Directeur et produit à l'appui de cette demande :

1° Une expédition (sur papier timbré), dûment légalisée, de son acte de naissance ;

2° Un certificat (sur papier timbré) des autorités du lieu de son domicile constatant qu'il jouit de la qualité de Français ou qu'il a été naturalisé et qu'il est de bonne vie et mœurs ;

3° L'original d'un diplôme complet de bachelier.

S'il n'est pas encore en possession du diplôme, il produit l'original du certificat délivré par le secrétaire de la Faculté.

Les jeunes gens ayant subi les épreuves du concours d'admission à l'Ecole navale et compris dans les 150 premiers de la liste générale de classement sont dispensés de la justification du grade de bachelier ; ils sont tenus de présenter une attestation remise par le Ministère de la Marine et indiquant qu'ils remplissent la condition visée plus haut ;

4° Une déclaration (sur papier timbré), dûment légalisée, par laquelle le père, la mère ou le tuteur du candidat atteste que celui-ci possède personnellement ou que sa famille s'engage à lui fournir les ressources nécessaires pour subvenir, dans telle résidence que l'Administration croira devoir lui assigner, aux dépenses de toute nature qu'entraîne la situation de surnuméraire.

Si le candidat est orphelin et majeur, la déclaration ci-dessus est remplacée par un certificat des autorités attestant qu'il a des ressources suffisantes ;

5° Un certificat (sur papier timbré), dûment légalisé, d'un médecin assermenté attestant qu'il jouit d'une bonne constitution, qu'il ne présente aucun symptôme de maladie contagieuse (tuberculose confirmée ou douteuse, bronchite chronique, etc.) pouvant constituer un danger dans le service des bureaux où il est appelé à faire des stages, qu'en outre il n'est affecté ni de claudication, ni de bégayement, ni de surdité, ni d'aucune autre infirmité ni difformité qui soit de nature à le rendre impropre à un service essentiellement actif et nécessitant des rapports incessants avec le public ;

6° Les pièces (sur papier libre) faisant connaître, si son âge le comporte, sa situation au point de vue militaire.

Dans le cas où le candidat a effectué du service, il produit l'état signalétique des services délivré par l'autorité militaire.

Si cet état ne mentionnait pas que le certificat de bonne conduite a été accordé au candidat, une copie du certificat dont il s'agit, attestée conforme par le Directeur, serait jointe au dossier.

Le candidat qui, après avoir échoué, désire concourir une seconde fois, est tenu de rédiger (sur papier timbré), une nouvelle demande d'admission et de renouveler les diverses justifications qu'il a déjà fournies.

Le Directeur transmet ces différentes pièces, avec ses observations et son avis, à la Direction générale. Il devra d'ailleurs signaler sans hésitation les candidats qui paraîtraient physiquement impropres à la carrière dont ils recherchent l'accès.

L'Administration se réserve le droit absolu de faire procéder à une contre-visite du candidat par les soins d'un médecin assermenté de son choix.

Les demandes d'admission peuvent être présentées au Directeur jusqu'au 30 novembre précédant l'année du concours (terme de rigueur). Celles qui sont produites après cette date n'ont d'effet que pour le concours de l'année suivante

Epreuves du concours

Le concours d'admission comporte des épreuves écrites et des épreuves orales.

Les premières sont subies par l'ensemble des candidats autorisés à concourir ; les épreuves orales, auxquelles seuls prennent part les jeunes gens reconnus admissibles, ont pour objet de décider de l'admission définitive.

1° *Epreuves écrites*

Les candidats sont convoqués, pour les épreuves écrites, devant les commissions départementales composées du Directeur, d'un inspecteur et d'un contrôleur.

Ces commissions siègent le même jour sur tous les points du territoire.

Le programme des épreuves écrites est réglé ainsi qu'il suit :

1° Composition française sur un sujet donné ;

2° Note sur un sujet de droit administratif compris dans le programme des épreuves orales ;

3° Questions de mathématiques choisies également parmi les matières de l'examen oral.

Deux jours sont consacrés aux épreuves écrites.

Le temps accordé aux candidats pour chaque épreuve est déterminé comme ci-après :

Premier jour

8 h. du matin : Composition française 4 heures
2 h. du soir : Note sur un sujet de droit administratif . . . . 3 heures

Deuxième jour

8 h. du matin : Questions de mathématiques . . . . 3 heures

Les sujets des épreuves écrites sont les mêmes pour toutes les commissions d'examen ; ils sont transmis aux Directeurs par l'Administration centrale et sous enveloppes cachetées.

Au commencement de chaque séance, le Directeur procède, en présence des candidats et des deux autres membres de la commission, à l'ouverture de l'enveloppe contenant le sujet de composition.

Sont exclus du concours, à titre définitif, les candidats qui auraient commis une fraude quelconque.

Les épreuves écrites sont soumises à l'appréciation d'une commission centrale, dont les membres sont désignés par le Directeur général.

Il est attribué à chaque composition une valeur

numérique exprimée par des notes variant de 0 à 20.

L'écriture et l'orthographe ne donnent pas lieu à une notion spéciale; toutefois, il en est tenu compte dans l'appréciation générale de chacune des compositions.

La valeur relative des épreuves est déterminée au moyen d'un coefficient, indiqué ci-dessous, par lequel est multipliée la note obtenue:

Composition française.	15
Note sur un sujet de droit administratif	8
Questions de mathématiques . . .	7

Le Directeur général arrête la liste, par ordre de mérite, des candidats admissibles aux épreuves orales.

Le bénéfice de l'admissibilité, à la suite d'un premier concours, reste acquis aux candidats remplissant encore les conditions d'âge pour concourir une seconde fois; néanmoins, ces candidats sont astreints à subir de nouveau les épreuves écrites en vue du classement pour l'admission définitive

Les dispositions du paragraphe précédent ne son pas applicables aux candidats qui ont été reconnu admissibles à la suite du concours antérieur à celu de 1907.

2° *Epreuves orales*

Les candidats admissibles aux épreuves orales son convoqués devant une commission qui se transport successivement dans les divers centres d'examei fixés chaque année.

Cette Commission comprend trois membres dés gnés par le Directeur général et appartenant l'Administration centrale ou aux services extérieurs.

L'examen oral porte sur les matières indiquées ci-après :

Droit administratif ;
Arithmétique ;
Géométrie ;
Algèbre ;
Trigonométrie ;
Arpentage.

Les notes obtenues pour les diverses interrogations sont multipliées par les coefficients ci-dessous :

Droit administratif	1re partie	5
	2e partie	8
Mathématiques		8
Arpentage		5

Le Directeur général arrête, d'après les résultats d'ensemble des épreuves écrites et des épreuves orales, la liste par ordre de mérite de ces candidats admis.

Dispositions diverses

Tout candidat qui a échoué au concours peut être admis à concourir une seconde fois, pourvu qu'il soit encore dans les conditions d'âge fixées plus haut ; mais, après un nouvel échec, sa candidature est définitivement écartée.

Aucun candidat appartenant ou ayant appartenu à une Administration publique ne pourra être nommé surnuméraire qu'après avoir fourni la preuve qu'il a donné sa démission des fonctions qu'il remplissait antérieurement.

Toute sollicitation directe ou indirecte, soit auprès des membres des commissions d'examen, soit auprès de la Direction générale, est formellement interdite : l'oubli de cette interdiction pourrait devenir un motif d'exclusion.

Les jeunes gens qui, soit avant, soit après leur admission au surnumérariat, mais antérieurement à leur nomination au grade de contrôleur de troisième classe, justifieront de l'un des diplômes de licencié en droit, licencié ès-lettres ou de licencié ès-sciences, gagneront, au point de vue de leur tour de nomination au grade dont il s'agit, dix rangs sur la liste des contrôleurs adjoints.

Examens professionnels des surnuméraires; indemnité spéciale

Les surnuméraires sont soumis à deux examens professionnels, pendant la durée de leur stage.

Les cent plus anciens surnuméraires reçoivent une indemnité annuelle de 600 francs.

Service militaire

Les services militaires accomplis, soit avant, soit après l'entrée dans les cadres, sont comptés, pour l'avancement, dans la proportion de la moitié de leur durée. Toutefois, il ne sera fait état des services antérieurs que si l'admission dans les cadres est demandée dans l'année qui suivra la libération ou si le candidat se présente au premier concours ouvert après l'expiration de la dite année. Le rappel d'ancienneté est fixé à six mois au maximum, par promotion, sans que le temps du service effectif nécessaire pour chaque avancement puisse, en aucun cas, être réduit de plus d'un tiers.

2° ADMINISTRATION DE L'ENREGISTREMENT DES DOMAINES ET DU TIMBRE

L'administration de l'Enregistrement a pour attributions l'assiette et le recouvrement d'un certain nombre d'impôts indirects, la fabrication et la vente des papiers timbrés, la régie du service des hypothèques et la régie du domaine de l'Etat. Son organisation se répartit entre deux cadres, le cadre central, c'est-à-dire la Direction générale, établie à Paris, au Ministère des Finances, et le cadre extérieur, qui s'étend sur tous les points de la France et se centralise dans les directions de chaque département.

Le personnel des départements se compose de deux catégories d'agents : les employés supérieurs et les receveurs. Les employés supérieurs sont les directeurs, les inspecteurs et les sous-inspecteurs. On classe parmi les receveurs, les receveurs rédacteurs attachés aux directions, les contrôleurs des successions, des baux et déclarations verbales, les conservateurs des hypothèques, les receveurs et les garde-magasins-contrôleurs de comptabilité. Il y a en outre des surnuméraires faisant leur stage dans les bureaux à titre d'auxiliaires des receveurs et autorisés à les suppléer dans certains cas.

Les traitements du personnel de cette administration, sont fixés ainsi qu'il suit:

Surnuméraires, par mois:	50 francs.
Receveurs contrôleurs .	2.000 à 2.400 fr.
Receveurs	3.300 à 7.000 fr.
Sous-inspecteurs. . . .	3.500 à 4.500 fr.
Directeurs	8 à 12.000 fr.
Conservateurs des hypothèques (en moyenne) .	7.000 à 15.000 fr.

C'est au moyen du surnumérariat que s'opère le recrutement du personnel.

L'admission au surnumérariat, dans l'Administration de l'Enregistrement, des Domaines et du Timbre, aura lieu désormais conformément aux règles suivantes:

Nul ne peut être nommé surnuméraire:

1° S'il n'a dix-huit ans accompli;

2° Et s'il a plus de vingt-cinq ans au premier juillet de l'année du concours, sauf l'exception prévue ci-après.

Les candidats ont la faculté de faire inscrire leur demande avant l'âge de dix-huit ans.

La limite d'âge de vingt-cinq ans est prorogée d'un temps égal à la durée des services militaires, à la condition que le candidat se soit présenté au premier concours ouvert après l'expiration de l'année qui a suivi sa libération et sous réserve des restrictions indiquées à l'article 2 du décret du 11 novembre 1903.

Tout candidat devra se présenter à la direction

du département où il réside et rédiger sa demande d'admission sous les yeux du directeur.

Il produit :

1° Une expédition dûment légalisée de son acte de naissance ;

2° La justification qu'il est pourvu du grade de bachelier de l'enseignement secondaire classique institué par l'article premier du décret du 8 août 1890, ou de bachelier de l'enseignement secondaire moderne institué par l'article premier du décret du 31 mai 1902 ;

3° Un certificat des autorités locales constatant qu'il jouit de la qualité de Français et qu'il est de bonne vie et mœurs ;

4° Une déclaration du père ou du tuteur du candidat et, à leur défaut, de lui-même, constatant qu'il peut subvenir aux dépenses du surnumérariat, dans telle résidence que l'Administration croira devoir lui assigner, et fournir un cautionnement de 4.000 francs au moins, lorsqu'il sera nommé receveur ;

5° Une pièce constatant, s'il y a lieu, sa situation au point de vue militaire.

Chaque demande est inscrite sur un registre spécial. Le directeur recueille des renseignements précis sur la famille des candidats, la profession, l'honorabilité et la position de fortune de ses parents. Il s'explique également sur son éducation, sa conduite et sa tenue. Il fait expressément connaître si le candidat a des infirmités, leur gravité et si elles le rendent impropre au service de l'Administration.

Le directeur transmet ces pièces et renseignements, avec son avis motivé, au Directeur général, qui décide si l'inscription doit ou non être maintenue.

Le candidat qui, postérieurement à son inscription,

transporte sa résidence dans un autre département, doit en informer le directeur : celui-ci prévient immédiatement l'Administration (bureau du Personnel), en lui faisant connaître quelle est la nouvelle résidence du candidat.

Les demandes d'admission peuvent être présentées aux directeurs jusqu'au 31 mars de chaque année.

Celles qui ont lieu après cette époque n'ont d'effet que pour le cours de l'année suivante.

Il sera tenu compte, aux surnuméraires, dans le calcul de l'ancienneté exigé pour l'avancement, des services militaires qu'ils auront accomplis, après comme avant leur entrée dans les cadres, dans les conditions fixées par le décret du 11 novembre 1903 et l'arrêté du Ministre des finances du 13 février 1905.

Une partie de ce surnumérariat fixée à six mois, sans interruption, devra précéder immédiatement la nomination au grade de receveur.

Le premier juin de chaque année, les directeurs adresseront à l'Administration (bureau du Personnel), avec leur avis motivé, la liste des candidats inscrits dans leur département qui se proposent de prendre part au concours.

Le Directeur général statue sur l'admissibilité au concours.

Le stage qui précédait le surnumérariat est supprimé.

Le concours est à deux degrés.

Il comprend une partie écrite et une partie orale.

Il a lieu conformément aux règles ci-après :

Les candidats admis au concours sont convoqués, pour l'examen écrit, devant des comités de premier degré désignés par le Directeur général et qui siègent le même jour.

Les épreuves de l'examen écrit ont lieu à la Direction, sous la surveillance du directeur et d'un employé auxquels il est expressément enjoint d'être présents aux opérations, pendant toute leur durée

Le directeur assure l'exécution de ces dispositions.

L'écriture et l'orthographe ne donnent lieu à aucune notation spéciale. Toutefois, il en est tenu compte dans l'appréciation générale de chacune des épreuves.

Ont droit aux points supplémentaires ci-après, les candidats qui justifient :

1° D'un diplôme de bachelier en droit 10 points

2° D'un diplôme de licencié en droit . 20 points

3° D'un diplôme de docteur en droit . 40 points

4° D'un des prix décernés dans les facultés de droit de l'Etat . . . 10 points

Epreuves du concours

et coefficients

Examen écrit

1° Arithmétique 3

2° Rédaction d'une note sur des questions de droit administratif ou de droit civil . . 10

3° Rédaction d'une note sur un sujet d'économie politique, de finances ou d'impôts . 10

Examen oral

1° Organisation, attributions et rapports des pouvoirs publics	3
2° Principales attributions des ministres, etc.	2
3° Juridiction administrative, civile, commerciale et pénale	3
4° Code civil	3
5° Economie politique	3
6° Impôts directs et indirects, etc.	3
7° Organisation de l'Administration et impôts recouvrés par elle	3
8° Comptabilité	3

La Commission centrale prépare et le Directeur général arrête, d'après le résultat des procès verbaux des deux examens, le classement par ordre de mérite de tous les candidats.

Le Directeur général fait dresser ensuite et soumet à l'approbation du Ministre la liste définitive des surnuméraires.

Le Directeur général fixe, au moment de leur nomination, la résidence des surnuméraires.

Sont rayés de la liste des candidats :

1° Les jeunes gens non admis et qui, à raison de leur âge, ne pourraient pas se présenter au concours de l'année suivante ;

2° Ceux que la Commission supérieure aura indiqués comme ne pouvant pas être admis à subir un nouvel examen ;

3° Ceux qui se seront présentés deux fois au concours sans être admis, à moins qu'ils n'aient obtenu le grade de licencié ou de docteur en droit depuis le second concours, auquel cas ils pourront être admis à concourir une troisième et dernière fois.

Le tout sous réserve de l'application des dispositions de la loi des 23 - 25 décembre 1901 réprimant les fraudes dans les examens et les concours publics.

4° MANUFACTURES DE L'ETAT

Personnel admissible aux emplois supérieurs

Les services des manufactures de l'Etat englobent tout ce qui est relatif à la culture, à l'achat, à la préparation et à la vente des tabacs, et les manufactures d'allumettes ; le personnel comprend :

1° Un corps d'ingénieurs pris parmi les élèves sortant de l'école Polytechnique, qui forme le personnel supérieur chargé de l'exploitation de ces deux monopoles ;

2° Un personnel des emplois supérieurs de la culture et de la comptabilité ;

3° Un personnel secondaire de service de la culture, comprenant des commis de culture et des préposés des manufactures et des magasins. Nous avons parlé plus haut de ce personnel, pages 53 et suivantes.

Nous parlerons ici du recrutement du personnel de la seconde catégorie.

Les cadres de ce service comprennent :

Des vérificateurs stagiaires aux traitements de		1.500 fr.
Des vérificateurs	1.800 à	3.000 fr.
Des contrôleurs de cultures . .		3.500 fr.
Des contrôleurs principaux . . .	4.000 à	7.000 fr.
Des inspecteurs entreposeurs . .	5.000 à	7.000 fr.
Des Directeurs	8.000 à	12.000 fr.

Concours de commis ou de vérificateur

Le premier échelon est l'emploi de vérificateur stagiaire ou commis de manufacture stagiaire aux appointements de 1.500 fr. On y accède par voie de concours. Les conditions à remplir et les pièces à fournir au chef de service de l'administration dans les villes désignées pour le concours sont les suivantes :

1° Acte de naissance légalisé constatant que le postulant est Français ou naturalisé et qu'il aura, au premier novembre de l'année du concours 20 ans au moins et 26 ans au plus ;

2° Un certificat de bonne vie et mœurs, délivré par le maire de la résidence du candidat ;

3° Un certificat de libération où d'exemption du service de l'armée active ;

4° Le diplôme de bachelier de l'enseignement secondaire ou la justification du classement dans les 150 premiers de la liste d'admissibilité à l'Ecole navale ;

5° Un certificat d'un médecin assermenté constatant que le postulant n'a aucun vice de constitution ou infirmité qui le rendrait impropre à un service actif.

La liste des candidats admis à prendre part au concours est arrêtée par l'Administration centrale.

Avant de subir les épreuves, les candidats sont soumis, en présence du chef de service, à la visite du médecin de l'établissement dans lequel ils sont convoqués. Cette visite a pour but de faire constater si les concurrents n'ont aucun vice de conformation ou infirmité qui les rendrait impropres au service actif et s'ils sont pourvus d'une constitution saine et robuste. Ceux d'entr'eux qui, d'après l'avis du médecin, ne rempliraient par les conditions exigées de validité seront, par cela même, exclus du concours.

Matières du concours

L'examen comprend deux sortes d'épreuves : les unes écrites et les autres orales.

Epreuves écrites

1° Dictée ;
2° Composition française sur un sujet donné ;
3° Composition d'arithmétique et de géométrie ;
4° Composition de physique et de chimie.

Epreuves orales

Les questions posées aux candidats se divisent en 7 séries et sont comprises dans le programme suivant :

1re Série : Géographie ;
2e Série : Arithmétique ;
3e Série : Géométrie ;
4e Série : Algèbre ;
5e Série : Physique ;
6e Série : Chimie ;
7e Série : Botanique.

Les compositions écrites et les réponses orales reçoivent des notes variant de 0 à 20 ; ne sont pas admis à subir les épreuves orales les candidats dont la note moyenne de mérite pour les compositions est inférieure à un minimum déterminé à l'avance.

Les compositions ont lieu dans les villes indiquées dans l'arrêté de convocation ; quant aux épreuves orales elles sont subies dans les localités qui sont indiquées par un avis spécial aux candidats admis à ces épreuves ; le jour et l'heure sont donnés en même temps.

Pour le classement final, il est ajouté 12 points pour un diplôme de licencié, ou pour un certificat d'admissibilité à l'Ecole Polytechnique ou à l'Ecole forestière, ou pour un diplôme de l'Institut agronomique.

Sont portés en tête de listes les sous-officiers ayant accompli cinq ans de service, dont deux ans au moins comme gradés.

La durée du stage est de deux ans, au bout desquels les stagiaires sont nommés vérificateurs ou commis de quatrième classe, suivant la branche qu'ils ont choisie.

5° ADMINISTRATION DES DOUANES

Service des bureaux

Les cadres du service des Bureaux des Douanes sont constitués comme suit :

Contrôleurs adjoints . . .	1.800	à	2.500 fr.
Receveurs particuliers . . .	2.200	à	4.500 fr.
Vérificateurs et contrôleurs .	2.800	à	4.000 fr.
Contrôleurs principaux . .	4.000	à	5.000 fr.
Receveurs principaux . . .	5.000	à	6.000 fr.
Inspecteurs	4.000	à	5.000 fr.
Inspecteurs principaux . . .	6.000	à	7.000 fr.
Directeurs.	8.000	à	12.000 fr.

Le poste de début, dans le service des bureaux, est celui de contrôleur adjoint.

Les contrôleurs adjoints sont nommés au concours.

Les candidats au concours pour le grade de contrôleur adjoint doivent :

1° Etre Français et âgés de 18 ans au moins et de 25 ans au plus, le premier janvier de l'année où s'ouvre le concours ;

2° Présenter, à l'appui de leur demande d'admission adressée au directeur général :

a) Une expédition légalisée de leur acte de naissance ;

b) La justification qu'ils sont pourvus du diplôme de bachelier ou du diplôme supérieur, soit de l'Ecole des hautes études commerciales de Paris, soit d'une Ecole supérieure de Commerce reconnue par l'Etat ;

c) Un certificat de bonne vie et mœurs ;

c) Une pièce constatant qu'ils ne sont atteints

d'aucune infirmité de nature à les faire réformer, qu'ils ont été reconnus aptes à ce service ou, s'il y a lieu, un état signalétique des services à l'armée.

Les épreuves écrites comprennent :

1° Une rédaction sur un sujet de droit public ou administratif, sur l'économie politique ou l'histoire économique ;

2° Une question de technologie (connaissances élémentaires théoriques de la chimie et des sciences naturelles appliquées aux principales matières premières et aux produits fabriqués usuels). Coefficient 3 ;

3° Une question de géographie économique et commerciale. Coefficient 2 ;

4° La solution de problèmes d'arithmétique et de géométrie (mesurage des surfaces et cubage des solides). Coefficient 2.

Les épreuves orales portent sur les matières prévues pour l'examen écrit et sur les langues vivantes.

Les candidats sont nommés contrôleurs adjoints ; mais ils ne sont confirmés dans leur grade qu'après avoir passé avec succès un examen professionnel, au bout d'une année de service.

Cet examen comprend :

1° La rédaction d'une note ou d'une question douanière ;

2° Deux questions sur le régime des douanes et l'organisation du service.

Peuvent être admis dans le cadre principal, après avoir subi ce dernier examen, les commis de 1re et de 2e classe et les receveurs subordonnés de 3e et 4e classe comptant au moins un an d'ancienneté dans le service des bureaux.

6° REPETITEURS DES COLLEGES ET DES LYCEES

Les candidats aux fonctions de répétiteurs des Collèges et des Lycées doivent être Français, avoir 18 ans au moins et être pourvus du diplôme de bachelier. Ils sont nommés par le Ministre, sur la proposition du recteur, après un stage d'un an au moins.

Sont dispensés de ce stage, les candidats licenciés ou pourvus du certificat de l'enseignement secondaire.

Les demandes doivent être adressées au Ministre.

Les répétiteurs dans les collèges sont nourris et logés. Leur cadre comprend 6 classes, à des traitements de 600 à 1.700 francs.

Répétiteurs des lycées

Dans les lycées, les répétiteurs se divisent en répétiteurs divisionnaires et répétiteurs généraux. Ils sont nommés par le Ministre, sur la proposition du recteur, après un stage de trois mois.

Ils doivent être Français ou naturalisés Français et âgés de 18 ans au moins.

Ils sont choisis parmi les candidats licenciés ou assimilés ou bien parmi les répétiteurs de collèges.

Pendant toute la durée du stage, les répétiteurs de lycées sont nommés et révoqués par le recteur, qui en donne aussitôt avis au Ministre.

Les emplois de répétiteurs généraux sont attribués, par le recteur, au fur et à mesure des vacances, aux répétiteurs divisionnaires comptant au moins deux ans de services dans ce grade.

Surveillants généraux

Les surveillants généraux des lycées sont nommés par le Ministre, sur la proposition du Recteur et choisis parmi les répétiteurs généraux licenciés comptant au moins cinq ans de services ou parmi les répétiteurs généraux bacheliers comptant au moins huit ans de services.

En attendant leur titularisation, les répétiteurs généraux peuvent être nommés par le Ministre, sur la proposition du recteur, dans les fonctions de surveillant général.

QUATRIÈME PARTIE

CARRIÈRES ADMINISTRATIVES ACCESSIBLES AUX CANDIDATS APRÈS DES ÉTUDES SUPÉRIEURES OU SPÉCIALES COMPLÉMENTAIRES

Sommaire :

1° Les carrières de l'Enseignement. — 2° Les carrières Diplomatiques et Consulaires. — 3° Les carrières de l'Armée. — 4° Les carrières de la Marine. — 5° Les carrières Coloniales. — 6° L'Inspection générale des Finances. — 7° Les carrières de la Magistrature. — 8° Les carrières des Travaux Publics.

1° LES CARRIERES DE L'ENSEIGNEMENT

I. Enseignement primaire

Instituteurs primaires, publics,
directeurs d'écoles primaires élémentaires,
instituteurs suppléants

Les instituteurs primaires publics sont divisés en stagiaires et en titulaires ; ils doivent justifier de la qualité de Français.

Les instituteurs stagiaires enseignent en vertu d'une délégation de l'inspecteur d'académie ; ils doivent être âgés de dix-huit ans au moins et être pourvus d'un brevet de capacité.

Les instituteurs titulaires sont nommés par le préfet, sous l'autorité du Ministre de l'Instruction publique et sur la proposition de l'inspecteur d'académie ; ils doivent avoir fait un stage de deux ans au moins dans une école publique ou privée, être pourvus, en outre, d'un brevet de capacité, du certificat d'aptitude pédagogique et avoir été portés sur la liste d'admission aux fonctions d'instituteur, dressée par le conseil départemental. Ils ne peuvent être appelés à diriger une école avant l'âge de vingt-et-un ans.

Les candidats aux fonctions d'instituteur titulaire justifient de l'accomplissement du stage de deux ans au moyen de certificats d'exercice, délivrés, soit par l'Inspecteur d'académie, s'ils ont enseigné dans une école publique, soit par le chef de l'établissement, s'ils ont exercé dans une école privée ; mais, dans ce dernier cas, le certificat doit être accompagné d'une attestation conforme de l'inspecteur d'Académie.

Le temps passé à l'Ecole Normale primaire, à partir de dix-huit ans, ou dans les établissements d'enseignement secondaire, en qualité de maître élémentaire ou de maître primaire, compte pour l'accomplissement du stage exigé des candidats aux fonctions d'instituteur public. Des dispenses de stage peuvent être accordées par le Ministre, sur l'avis du Conseil départemental.

Les fonctions d'instituteur suppléant départemental chargé de remplacements provisoires, en cas de maladie, de suspension ou de congé des titulaires, ne peuvent être confiées qu'à des instituteurs titulaires ; les instituteurs suppléants sont nommés, dans les mêmes conditions que les autres instituteurs publics, par le préfet, sur la proposition de l'inspecteur d'académie.

Les instituteurs titulaires chargés de la direction d'une école contenant plus de deux classes prennent le titre de directeur d'école primaire élémentaire.

Dans les écoles à plusieurs classes, les directeurs sont secondés par des adjoints en nombre déterminé par le conseil départemental. Ces adjoints sont ou des instituteurs stagiaires, ou des instituteurs titulaires.

Messieurs les Inspecteurs d'Académie doivent se conformer, dans les nominations de stagiaires, aux règles suivantes, ils placeront: 1° les élèves sortis de l'Ecole Normale du département, non munis du brevet supérieur, mais qui prendront l'engagement de s'y présenter au cours de leur stage; 2° les élèves d'une autre Ecole Normale de l'Académie ou des départements limitrophes munis du brevet supérieur et restés sans emploi dans leur département d'origine. Ce ne serait qu'après épuisement de ces trois catégories qu'ils confieraient des postes, s'il en reste à pourvoir, à des jeunes gens du département, munis, soit du brevet supérieur, soit du brevet élémentaire et du certificat d'études primaires supérieures, soit enfin du seul brevet élémentaire.

Il convient, par suite, de remarquer que le brevet élémentaire n'est nullement un titre suffisant pour entrer dans l'enseignement secondaire public, pas plus que le titre de licencié n'est un titre suffisant pour entrer dans le professorat des collèges.

Directeurs et professeurs d'écoles primaires supérieures

Pour être directeur d'une école primaire supérieure, il faut être âgé de vingt-cinq ans révolus et être muni du certificat d'aptitude au professorat des écoles normales primaires et des écoles primaires supérieures.

Les instituteurs adjoints dans les écoles primaimaires supérieures doivent avoir vingt-et-un ans et être munis du brevet supérieur ; ils sont choisis de préférence parmi les instituteurs titulaires. Ils prennent le titre de professeur, s'ils sont pourvus du certificat d'aptitude au professorat des écoles normales et des écoles primaires supérieures.

Des maîtres auxiliaires peuvent être attachés aux écoles primaires supérieures et chargés des enseignements spéciaux auxquels le directeur, les professeurs et les instituteurs adjoints ne suffiraient pas, savoir : les langues vivantes, la comptabilité, le travail manuel, le dessin, le chant, la gymnastique, les exercices militaires.

Les directeurs et les professeurs des écoles primaires supérieures sont nommés par le Ministre. Les instituteurs adjoints et les maîtres auxiliaires pour les enseignements accessoires sont nommés ou délégués par le préfet, sur la proposition de l'inspecteur d'académie : ces délégations ne peuvent être retirées, par le préfet, que sur la proposition de l'inspecteur d'académie.

Les professeurs de l'enseignement supérieur ou secondaire peuvent, en outre, être délégués par le

Ministre, pour les leçons ou conférences se rapportant à une partie du programme des écoles primaires supérieures.

Directeurs d'écoles normales d'instituteurs

Pour être nommé directeur d'une école normale primaire d'instituteurs, il faut être pourvu du certificat d'aptitude au professorat des écoles normales et des écoles primaires supérieures ou de la licence ès-lettres ou de la licence ès-sciences et du certificat d'aptitude à l'inspection des écoles primaires et à la direction des écoles normales.

Traitement des fonctionnaires de l'enseignement primaire

A. — Instituteurs primaires

Stagiaires	900 francs
Titulaires de 5e classe . .	1.000 francs
Titulaires de 4e classe . .	1.200 francs
Titulaires de 3e classe . .	1.500 francs
Titulaires de 2e classe . .	1.800 francs
Titulaires de 1re classe . .	2.000 francs

Les titulaires chargés de la direction d'une école comprenant plus de deux classes reçoivent, à ce titre, un supplément de traitement de 200 francs. Le supplément est porté à 400, si l'école comprend une classe d'enseignement primaire supérieur, dite : cours complémentaires ; le maître chargé de ce cours reçoit un supplément de 200 francs.

Indépendamment du traitement proprement dit, les institutrices titulaires ou stagiaires ont droit :

1° Au logement où à l'indemnité représentative fixés par des arrêtés préfectoraux ;

2° Une indemnité de résidence, suivant l'importance de la population agglomérée.

. — Ecoles primaires supérieures

1° Directeurs :

5e classe	1.800 francs
4e classe	2.000 francs
3e classe	2.200 francs
2e classe	2.500 francs
1re classe	2.800 francs

2° Professeurs :

5e classe	1.200 francs
4e classe	1.400 francs
3e classe	1.600 francs
2e classe	1.900 francs
1re classe	2.200 francs

Directeurs et professeurs ont droit aux indemnités indiquées ci-dessus pour les instituteurs primaires.

C. — *Ecoles normales*

1° Directeurs :

5e classe	3.500 francs
4e classe	4.000 francs
3e classe	4.500 francs
2e classe	5.000 francs
1re classe	5.500 francs

2° Professeurs :

5e classe	2.500 francs
4e classe	2.700 francs
3e classe	2.900 francs
2e classe	3.100 francs
1re classe	3.400 francs

3° Economes :

5e classe	1.800 francs
4e classe	2.000 francs
3e classe	2.200 francs
2e classe	2.500 francs
1re classe	2.800 francs

Les professeurs des enseignements accessoires munis d'un des titres ci-dessous reçoivent une allocation de 150 à 200 francs par heure et par an.

Pour les écoles de la Ville de Paris, les traitements indiqués ci-dessus sont presque doublés.

GRADES ET TITRES DE CAPACITÉ DE L'ENSEIGNEMENT PRIMAIRE

Brevet élémentaire

Conditions d'âge

Pour se présenter aux examens du Brevet élémentaire, tout candidat doit avoir au moins 16 ans le premier octobre de l'année durant laquelle il se présente.

Des dispenses d'âge peuvent être accordées, pourvu qu'elles ne dépassent pas la durée d'un an.

La dispense d'âge de moins de six mois à un an est accordée par l'inspecteur d'académie ; la dispense d'âge de six mois à un an est accordée par le recteur, après avis de l'inspecteur d'académie. Toute dispense accordée en vue de la première session est valable, sans nouvelles formalités pour la seconde.

Toute demande de dispense d'âge doit être établie sur papier timbré à 0 fr. 60 et parvenir à l'administration quinze jours au moins avant la date fixée pour la clôture du registre d'inscription.

La dispense est de droit pour tout candidat au brevet élémentaire qui est pourvu du certificat d'études primaires supérieures, quel que soit son âge.

Sessions d'examen

Les Commissions d'examen pour le brevet élémentaire tiennent deux sessions ordinaires par an.

Ces sessions réglementaires ont lieu chaque année et dans chaque département, l'une au mois de juillet, l'autre au mois d'octobre ; des sessions extraordinaires peuvent être autorisées par le ministre, soit pour toute la France, soit dans un ou plusieurs départements.

La date précise de chaque session est fixée au moins un mois à l'avance par le ministre.

Pour les sessions ordinaires, les compositions commencent le même jour dans tous les départements ; elles se poursuivent dans le même ordre dans chaque académie.

Pour le département de la Seine, la Corse et l'Algérie, le nombre des sessions et la date des examens sont l'objet d'arrêtés spéciaux.

Les sujets de composition sont les mêmes pour tous les départements d'une académie, les sujets des compositions écrites sont choisis par le recteur, en compagnie des inspecteurs d'académie du ressort. Ils sont enfermés sous pli cacheté. Le pli est ouvert par le président de la commission, en présence des candidats. Les compositions doivent porter, en tête et sous pli fermé, les nom et prénoms des candidats ; ce pli n'est ouvert qu'après l'achèvement des corrections des copies et l'inscription des notes données pour chacune d'elles.

Le candidat refusé à une session peut toujours

se présenter à la première session, ordinaire ou extraordinaire qui suit.

Inscription des candidats

Tout candidat au Brevet élémentaire doit se faire inscrire au bureau de l'inspecteur d'académie, quinze jours au moins avant la date fixée pour l'examen ; il dépose :

1° Une demande d'inscription sur papier timbré à 0 fr. 60 et signée par lui.

2° Un extrait de son acte de naissance sur papier timbré (pour les femmes, l'acte de mariage, si l'aspirante est mariée, l'acte de décès du mari, si elle est veuve).

Surveillance des examens

A l'ouverture de la session, le secrétaire de la commission fait l'appel des candidats inscrits. Chaque candidat, à l'appel de son nom, vient apposer sa signature sur le registre de présence, afin de constater son indentité ; les candidats sont réunis soit ensemble, soit par séries, sous la surveillance de membres de la commission désignés par le président.

L'examen écrit n'est pas public. L'examen oral est public pour les épreuves des aspirants. Les dames sont seules admises pour les épreuves orales des aspirantes.

Le président de la commission a la police de la salle. Parmi les personnes chargées de la surveillance se trouve nécessairement, dans chaque série, s'il y en a plusieurs pour l'examen des aspirantes, une dame déléguée par l'inspecteur d'académie.

Toute communication entre les candidats pendant les épreuves, toute fraude ou tentative de fraude commise pendant l'examen entraîne l'exclusion du candidat.

L'exclusion provisoire est prononcée par le président ou par le membre de la commission délégué pour le remplacer dans la surveillance des épreuves. Il en est référé à la commission qui prononce, s'il y a lieu, l'exclusion définitive.

Les faits qui ont motivé l'exclusion d'un candidat font l'objet d'un rapport, adressé par le président de la commission à l'inspecteur d'académie. L'inspecteur d'académie, après avoir dûment appelé le candidat et l'avoir entendu en ses moyens de défense, peut le traduire devant le conseil départemental. Le conseil peut prononcer l'interdiction pour le candidat de se présenter au même examen ou à tous les examens de l'enseignement primaire, pendant une ou plusieurs sessions, sans que cette interdiction puisse s'étendre à plus de deux ans.

Si la fraude n'est découverte qu'après la délivrance du titre, le ministre peut en prononcer le retrait.

Examen

L'examen pour le brevet élémentaire comprend trois séries d'épreuves, écrites ou orales, portant sur le programme du cours supérieur des écoles primaires.

I. — *Epreuves de la première série*

Les épreuves de la première série (épreuves écrites) sont au nombre de trois, savoir :

1° Une dictée d'orthographe d'une page environ choisie dans nos meilleurs auteurs, le texte, lu d'abord à haute voix, est ensuite dicté posément puis relu ; la ponctuation n'est pas dictée.

Des questions (cinq au maximum) relatives à l'intelligence du texte (définition du sens d'un mot d'une expression). Il est accordé une demi-heure aux candidats pour revoir la dictée et pour répondre par écrit aux questions posées.

Chacune des deux parties de l'épreuve est cotée de 0 à 10.

2° Un exercice de composition française (lettre ou récit d'un genre très simple, explication d'un proverbe, d'une maxime, d'un texte de morale ou d'éducation) ; durée de l'épreuve : deux heures ;

3° Une question d'arithmétique et de système métrique et la solution raisonnée d'un problème comprenant l'application des quatre règles (nombres entiers, fractions, mesure des surfaces, des volumes simples) ; durée de l'épreuve : deux heures.

II. — *Epreuves de la deuxième série*

Pour les épreuves de la deuxième série, les aspirants doivent :

1° Une page d'écriture à main posée comprenant une ligne en gros dans chacun des trois principaux genres (cursive, batarde et ronde). Une ligne de cursive en moyenne ; quatre lignes de cursive en fin ; durée de l'épreuve : trois quarts d'heure ;

2° Exécuter à main levée un croquis côté d'un objet usuel de forme très simple (plan, coupe, élévation) ; durée de l'épreuve : une heure et demie ;

3° Exécuter les exercices les plus élémentaires de gymnastiques prévus par le programme des écoles primaires ; durée de l'épreuve : trois quarts d'heure.

Les aspirantes doivent :

1° Faire une page d'écriture à main posée, comprenant une ligne en gros dans chacun des trois principaux genres (cursive, bâtarde et ronde), une ligne de cursive en moyenne, quatre lignes de cursive en fin ; durée de l'épreuve : trois quarts d'heure ;

2° Exécuter un dessin au trait d'après un objet usuel ; durée de l'épreuve : une heure ;

3° Exécuter, sous la surveillance de dames désignées à cet effet par le recteur, les travaux à l'aiguille prescrits par l'article premier de la loi du 28 mars 1882 ; durée de l'épreuve : une heure.

III. — *Epreuves de la troisième série*

Les épreuves de la troisième série (épreuves orales) sont au nombre de cinq :

1° Lecture expliquée : la lecture se fera dans un recueil de morceaux choisis en prose et en vers ; des questions seront adressées aux candidats sur le sens des mots, la liaison des idées, la construction et la grammaire ;

2° Questions d'arithmétique et de système métrique ;

3° Questions sur les éléments de l'histoire nationale et de l'instruction civique ; sur la géographie de la France avec tracé au tableau noir ;

4° Exercice et questions de solfège très élémentaires ;

5° Questions sur les notions les plus élémentaires des sciences physiques et naturelles et (pour les aspirants seulement) sur les matières de l'enseignement agricole.

Dix minutes au maximum sont consacrées à chacune de ces épreuves.

Jugement des épreuves

Les épreuves des trois séries sont notées de 0 à 20, excepté les exercices de gymnastique (2e série) et les exercices de solfège (3e série) qui sont notés de 0 à 10 ; la note 0 pour l'une des épreuves est éliminatoire.

Nul n'est examiné sur la série subséquente, s'il n'a préalablement obtenu la moitié du maximum des points que comporte la série précédente.

BREVET SUPÉRIEUR

Conditions d'admission et d'âge

Pour se présenter aux examens du brevet supérieur, tout candidat doit justifier de la possession du brevet élémentaire et avoir 18 ans au moins, le premier octobre de l'année durant laquelle il se présente. Des dispenses d'âge peuvent être accordées, pourvu qu'elles ne dépassent pas une durée d'un an.

La dispense d'âge de moins de six mois est accordée par l'inspecteur d'académie ; la dispense d'âge de six mois à un an est accordée par le recteur, après avis de l'inspecteur d'académie. Toute dispense accordée en vue de la première session est valable, sans nouvelle formalité, pour la seconde.

Toute demande de dispense d'âge doit être établie sur papier timbré à 0 fr. 60 et parvenir à l'administration 15 jours au moins avant la date fixée pour la clôture du registre d'inscription.

Les candidats qui remplissent la condition d'âge ci-dessus indiquée peuvent se faire inscrire pour subir dans la même session les épreuves du brevet élémentaire et les épreuves du brevet supérieur : dans ce cas, ils déposent avant l'examen le certificat constatant qu'ils ont été jugés aptes à recevoir le brevet élémentaire.

Sessions d'examen

Les commissions d'examen pour le brevet supérieur tiennent deux sessions ordinaires par an.

Ces sessions réglementaires ont lieu, chaque année et dans chaque département, l'une au mois de juillet, l'autre au mois d'octobre.

Des sessions extraordinaires peuvent être autorisées par le ministre, soit pour toute la France, soit dans un ou plusieurs départements.

La date précise de chaque session est fixée au moins un mois à l'avance par le ministre.

Pour les sessions ordinaires, les compositions commencent le même jour dans tous les départements ; elles se poursuivent dans le même ordre dans chaque académie.

Pour le département de la Seine, la Corse et l'Algérie, le nombre des sessions et la date des examens sont l'objet d'arrêtés spéciaux.

Les sujets de compositions sont les mêmes pour tous les départements d'une académie. Les sujets des compositions écrites sont choisis par le recteur en comité des inspecteurs d'académie du ressort. Ils sont enfermés sous pli cacheté. Le pli est ouvert par le président de la commission en présence des candidats.

Les compositions doivent porter en tête et sous pli fermé les noms et prénoms des candidats. Ce pli n'est ouvert qu'après l'achèvement de la correction des copies et l'inscription des notes données pour chacune d'elles.

Le candidat refusé à une session peut toujours se présenter à la première session, ordinaire ou extraordinaire, qui suit.

Inscription des candidats. — Livret scolaire

Tout candidat au brevet supérieur doit se faire inscrire au bureau de l'inspecteur d'académie quinze jours au moins avant la date fixée pour l'examen ; il dépose :

1° Une demande d'inscription (sur papier timbré à 0 fr. 60) écrite et signée par lui ;

2° Un extrait de son acte de naissance (pour les femmes : l'acte de mariage, si l'aspirante est mariée ; l'acte de décès de son mari, si elle est veuve), toutes ces pièces sur papier timbré.

Il dépose en outre son diplôme du brevet élémentaire et doit faire connaître, dans sa demande d'inscription, celle des langues vivantes (anglais, allemand, italien, espagnol ou arabe) sur laquelle il désire être examiné.

Aux termes de l'arrêté du 9 décembre 1901, il est également autorisé à déposer un livret scolaire dont le modèle a été déterminé par une instruction ministérielle du 5 juin 1902.

Ce livret est signé par le chef de l'établissement où le candidat a fait ses études, et visé par l'inspecteur primaire de la circonscription.

Surveillance de l'examen

A l'ouverture de la session, le secrétaire de la commission fait l'appel des candidats inscrits. Chaque candidat, à l'appel de son nom, vient apposer sa signature sur le registre de présence, afin de constater son indentité.

Les candidats sont réunis, soit par ensemble, soit par séries, sous la surveillance de membres de la commission désignés par le président.

L'examen écrit n'est pas public. L'examen oral est public pour les épreuves des aspirants ; les dames sont seules admises pour les épreuves orales des aspirantes.

Le président de la commission a la police de la salle. Parmi les personnes chargées de la surveillance, se trouvera nécessairement dans chaque série, s'il y en a plusieurs, pour l'examen des aspirantes, une dame déléguée par l'inspecteur d'académie. Toute communication entre les candidats pendant les épreuves, toute fraude ou tentative de fraude commise pendant l'examen, entraîne l'exclusion du candidat.

L'exclusion provisoire est prononcée par le président ou par le membre de la commission délégué pour le remplacer dans la surveillance des épreuves. Il en est référé à la commission, qui prononce, s'il y a lieu, l'exclusion définitive.

Les faits qui ont motivé l'exclusion d'un candidat font l'objet d'un rapport adressé par le président de la commission à l'inspecteur d'académie.

L'inspecteur d'académie, après avoir dûment appelé le candidat et l'avoir entendu dans ses moyens de défense, peut le traduire devant le conseil départemental. Le conseil peut prononcer l'interdiction, pour le candidat, de se présenter au même examen ou à tous les examens de l'enseignement primaire, pendant une ou plusieurs sessions, sans que cette interdiction puisse s'étendre à une période de plus de deux années.

Si la fraude n'est découverte qu'après la délivrance du titre, le ministre peut en prononcer le retrait.

Examen

L'examen du brevet supérieur comprend deux séries d'épreuves.

Toutes les épreuves, soit écrites, soit orales, doivent être subies dans une même session.

Les unes et les autres portent sur les matières d'enseignement de la première et de la seconde année des écoles normales d'instituteurs et d'institutrices.

Les aspirants et les aspirantes qui échouent aux épreuves de la deuxième série conservent, à la session suivante, le bénéfice de l'admissibilité.

Ceux d'entre eux qui ont subi les épreuves fixées par l'arrêté du 4 août 1905 ne sont astreints à faire de nouveau les compositions, soit de dessin, soit de musique, que s'ils ont obtenu, pour l'une ou l'autre de ces épreuves, une note inférieure à 10.

I. — *Epreuves de la première série*

Les épreuves de la première série sont :

1° Une composition écrite sur un sujet de littérature ou de morale (durée 3 heures).

2° Une composition écrite comprenant : *a)* pour les aspirants, un problème d'arithmétique ou de géométrie appliquée aux opérations pratiques et une question théorique d'arithmétique ; *b)* pour les aspirants et les aspirantes, une question sur les sciences physiques et naturelles avec leurs applications les plus usuelles à l'hygiène, à l'industrie, à l'agriculture (durée 4 heures).

3° Une épreuve consistant en réponses écrites, dans la langue étrangère choisie par le candidat, à des questions écrites posées dans la même langue. L'usage d'un dictionnaire en langue étrangère est seul autorisé.

La durée de cette épreuve est de deux heures.

Chacune de ces épreuves est cotée de 0 à 20.

II. — *Epreuves de la deuxième série*

Les épreuves de la deuxième série comprennent :

1° Interrogations sur la psychologie, la morale et leurs applications à l'éducation ;

2° Interrogations sur l'histoire de France et, à partir de 1492, ses rapports avec l'histoire générale ; les interrogations sont limitées aux faits essentiels ;

3° Interrogations sur la géographie de la France avec tracé au tableau noir, et notions sommaires de géographie générale ;

4° Interrogations sur l'arithmétique avec exercice de calcul mental et, pour les aspirants seulement, l'algèbre et la géométrie ;

5° Interrogations sur la physique et la chimie, l'histoire naturelle et leurs applications ;

6° Lecture expliquée, après un quart d'heure de préparation, d'un texte français pris sur une liste d'auteurs qui sera dressée tous les trois ans par le ministre et publiée une année à l'avance. Il sera tenu compte de l'expression dans la lecture et des connaissances littéraires propres à faciliter l'intelligence du texte. La lecture sera suivie d'une interrogation de grammaire ;

7° Lecture à haute voix et traduction rapide d'un texte facile en langues étrangères, après un quart d'heure de préparation ; conversation d'un genre très simple en langue étrangère sur le texte lu ;

8° Composition de dessin d'après le relief (durée 3 heures) ;

9° Composition de musique : dictée musicale suivie de questions théoriques très simples sur le texte dicté (durée 20 minutes au maximum).

La commission prend connaissance du livret de scolarité du candidat et en tient compte pour prononcer l'admissibilité ou l'admission.

Jugement des épreuves

Chacune des épreuves de la première série est cotée de 0 à 20. Nul candidat n'est déclaré admissible s'il n'a obtenu 30 points au maximum, dont 20 pour les épreuves de français et de sciences réunies.

Chaque épreuve de la deuxième série est cotée de 0 à 20 ; l'épreuve de lecture expliquée est affectée du coefficient 2.

Il suffit que, pour les épreuves de la deuxième série, chaque aspirant obtienne un total de 100 points.

La note 0 pour l'une quelconque des épreuves est éliminatoire.

Peuvent être éliminés à la première série, après délibération spéciale du jury, les candidats qui ont obtenu, pour l'une des trois épreuves, une note inférieure à 5.

Il est tenu compte des notes obtenues par chaque candidat pendant ses deux dernières années d'études. Ces notes, attestées au moyen d'un livret de scolarité délivré par le directeur de l'établissement ou le professeur du candidat, sont remises au moment de l'inscription.

CERTIFICAT D'APTITUDE PÉDAGOGIQUE

Conditions générales

Les candidats au certificat d'aptitude pédagogique doivent remplir les conditions suivantes :

1° Etre pourvus du brevet élémentaire ;

2° Avoir vingt ans révolus au 31 décembre de l'année de l'examen ;

3° Justifier, au moment de l'inscription, de deux années d'exercice au moins dans un établissement public d'enseignement ou dans une école privée, sauf les cas prévus par l'article 23 de la loi du 30 octobre 1886.

Aucune dispense d'âge ne sera accordée.

Des dispenses de stage peuvent être accordées par le ministre, sur l'avis du conseil départemental.

Les années passées dans les écoles normales primaires comptent comme années de stage, mais à la condition que le candidat ait suivi les cours d'une école normale primaire pendant la durée ordinaire des études de ces établissements.

Commissions d'examen

Les commissions d'examen pour le certificat d'aptitude pédagogique sont nommées chaque année par le recteur, sur la proposition de l'inspecteur d'académie.

Elles siègent dans chaque chef-lieu de département, sauf les exceptions que le ministre peut autoriser sur la proposition du recteur.

Les commissions d'examen pour le certificat d'aptitude pédagogique sont présidées par l'inspecteur d'académie et composées de dix membres au moins, choisis parmi les inspecteurs de l'enseignement primaire, directeurs et directrices, professeurs d'écoles normales ou d'écoles primaires supérieures, et les instituteurs ou institutrices du département. S'il y a dans le département une inspectrice des écoles maternelles, elle fait nécessairement partie de la commission.

Si les candidats inscrits dans un département sont trop nombreux, le recteur peut instituer d'autres commissions d'examen en tel nombre qu'il jugera nécessaire.

Sessions d'examen

L'examen du certificat d'aptitude pédagogique n'a qu'une session par an. L'épreuve écrite a lieu au mois de février, à une date fixée par l'inspecteur d'académie. Elle est subie au chef-lieu de chaque arrondissement, sous la surveillance de l'inspecteur primaire.

L'épreuve pratique doit être subie avant le premier décembre de l'année de l'examen.

Les aspirants ou aspirantes qui échouent à l'épreuve pratique ou à l'épreuve orale conservent, à la session suivante, le bénéfice de l'admissibilité prononcée à la suite de l'épreuve écrite.

Inscription des candidats

Les candidats au certificat d'aptitude pédagogique doivent se faire inscrire au bureau de l'inspecteur d'académie, quinze jours au moins avant l'ouverture de la session et déposer :

1° Une demande d'inscription signée et écrite par eux ;

2° Un extrait de leur acte de naissance ;

3° Leur Brevet élémentaire ou leur Brevet supérieur, s'il y a lieu ;

4° Un certificat de l'inspecteur d'académie constatant qu'ils remplissent la condition de stage ou qu'ils en ont été dispensés.

Examen

L'examen du certificat d'aptitude pédagogique comprend :

1° Une épreuve écrite, laquelle est éliminatoire ;

2° Une épreuve pratique ;

3° Une épreuve orale.

L'épreuve écrite consiste en une composition française sur un sujet élémentaire d'éducation ou d'enseignement.

Trois heures sont accordées pour cette épreuve.

Le sujet de la composition écrite est choisi par l'inspecteur d'académie.

Elle est corrigée par la commission réunie au chef-lieu du département.

La liste des admissibles est dressée par circonscription d'inspection primaire.

L'épreuve pratique consiste en une classe faite par le candidat dans une école primaire publique.

Les aspirantes peuvent, à leur choix, subir l'épreuve pratique dans une école de filles ou dans une école maternelle.

Les instituteurs privés peuvent, sur leur demande, subir l'épreuve pratique soit dans une école publique, soit dans leur propre classe.

L'école dans laquelle le candidat est appelé à subir l'épreuve lui est ouverte vingt-quatre heures à l'avance. Il en prend la direction le jour de l'épreuve et est tenu de se conformer à un programme arrêté par la commission.

Ce programme est remis au candidat vingt-quatre heures à l'avance ; il doit se rapprocher, autant que possible, de l'ordre des exercices inscrits à l'emploi du temps de l'école, au jour de l'examen.

Il est procédé à cette épreuve par une sous-commission nommée par l'inspecteur d'académie et composée de l'inspecteur primaire de la circonscription et de deux instituteurs ou institutrices titulaires.

L'épreuve orale, qui se fait à la suite de l'épreuve pratique, consiste :

1° Dans l'appréciation de cahiers de devoirs mensuels ;

2° Dans les interrogations en rapport avec les

autres épreuves déjà subies par le candidat et portant sur des sujets relatifs à la tenue et à la direction d'une école primaire élémentaire ou maternelle, ou sur des questions de pédagogie pratique.

Certificat

Sur le vu du procès-verbal de la commission d'examen, le recteur délivre, s'il y a lieu, le certificat d'aptitude pédagogique et dans la quinzaine adresse son rapport au ministre sur les résultats de la session dans son académie.

II. Enseignement secondaire

Le personnel des cadres de l'Enseignement secondaire, c'est-à-dire le personnel enseignant des Lycées et Collèges, comprend :

Les professeurs titulaires, aux traitements de . . . . 3.200 à 7.500 fr.

Les professeurs chargés de cours aux traitements de . . . . . . 2.800 à 6.000 fr.

Les professeurs spéciaux (dessin, etc.) . . . . 1.400 à 2.000 fr.

Le recrutement de ce personnel a lieu dans les conditions suivantes :

Les professeurs titulaires doivent être agrégés.

Les professeurs chargés de cours doivent être licenciés.

Les professeurs spéciaux doivent être pourvus des certificats d'aptitude aux enseignements spéciaux qu'ils sont appelés à donner.

Le poste de professeur titulaire étant un emploi d'avancement, nous nous occuperons ici, uniquement, de l'admission au poste de professeur chargé de cours.

En principe, on admet qu'un bachelier puisse être nommé professeur de collège. Il y a même des professeurs de collèges qui ne sont pas bacheliers : ce sont ceux qui, pourvus du brevet supérieur et du certificat d'aptitude pédagogique, constituent le troisième ordre des professeurs de collèges, le deuxième ordre comprenant les professeurs bacheliers et le premier ordre les professeurs licenciés ou agrégés. Mais, dans la pratique, les deux derniers ordres ne subsistent qu'en raison des situations acquises : les collèges gardent, jusqu'à extinction, leurs professeurs bacheliers et brevetés, mais n'en acceptent que très rarement de nouveaux, de telle sorte qu'à bref délai il n'y aura plus dans les collèges communaux, que des professeurs licenciés.

Partons donc de ce fait que l'enseignement secondaire des lettres et des sciences n'est plus accessible qu'aux licenciés. Comment fait-on pour devenir licencié ?

La première condition, c'est d'être bachelier, la seconde c'est de n'être pas bachelier de hasard, de raccroc, car nous n'étonnons personne en affirmant que les examens du baccalauréat réservent parfois d'étranges surprises : tel bachelier sera parfaitement incapable d'aborder la préparation de la licence, qui suppose l'acquisition préalable de connaissances très sérieuses.

La troisième condition pour arriver à la licence,

c'est de s'y préparer par un travail continu et soutenu, pendant au moins deux ans, et même trois. Ce travail ne porte des fruits qu'à la condition d'être dirigé et contrôlé par des professeurs spéciaux, qui sont les professeurs des facultés des lettres et des sciences.

Est-ce à dire que, pour arriver à la licence, il soit absolument nécessaire de suivre les cours d'une faculté, et par conséquent d'aller habiter une ville siège de faculté et de se faire inscrire comme étudiant? Si la situation de fortune le permet, et si le jeune bachelier a vraiment la volonté de travailler, il aura tout avantage à prendre ses inscriptions à la faculté et à en suivre tous les cours qui correspondent à la licence qu'il se propose de conquérir. Mais, si les parents ne peuvent ou ne veulent subvenir aux frais de l'entretien de leur fils comme étudiant libre pendant deux ou trois ans, une autre voie s'ouvre devant eux: le répétitorat des lycées ou des collèges, des collèges surtout, car il devient tout aussi difficile, pour un simple bachelier, d'être répétiteur de lycée que d'être professeur de collège.

Le jeune homme demandera donc à entrer dans un collège comme répétiteur: nous avons dit ailleurs (page 173) comment il procédera pour y arriver. Une fois répétiteur, il se fera inscrire pour les cours préparatoires à la licence qui ont lieu le jeudi, dans la ville siège de Faculté, ou, si la Faculté est trop loin, dans la ville où se trouve le lycée le plus proche: ces cours du jeudi sont exclusivement réservés aux jeunes maîtres des collèges qui aspirent à la licence.

Si l'étudiant-maître les suit ponctuellement, s'il fait avec soin les devoirs qui lui sont proposés, il s'attirera la bienveillance de ses chefs qui, escomptant en lui un bon élève de Faculté, pourront l'appeler dans la ville où réside la Faculté, comme répétiteur de lycée.

Il est certain que, par cette voie, la préparation de la licence exige un temps plus long ; mais cet inconvénient est compensé par un double avantage : les années de répétitorat entrent dans le calcul de l'ancienneté, pour le classement des professeurs, et, d'autre part, le répétiteur candidat à la licence est dispensé de tout droit d'inscription ou d'examen.

Enfin, il est une troisième voie d'accès à la licence, c'est le concours pour l'obtention des bourses de licence. Mais si grand est le nombre des appelés, si petit le nombre des élus, que nous hésitons à conseiller cette voie.

Voici, en tous cas, les conditions auxquelles on peut être candidat à une bourse de licence, et les formalités qui sont à remplir.

Bourses de licence

Les bourses de licence sont données au concours.

Le concours, depuis 1904, est commun aux candidats à la bourse et aux candidats de l'école Normale supérieure, qui n'est plus guère qu'un internat annexé à la Sorbonne, c'est-à-dire à la Faculté des Lettres et à la Faculté des Sciences de l'Université de Paris.

Pour avoir le droit de concourir, il faut : être Français, avoir 18 ans au moins et 24 ans au plus et justifier du titre de bachelier .

L'inscription doit se faire au premier février au

premier avril, au secrétariat de l'académie à laquelle appartient le candidat.

Les pièces à fournir sont :

1° L'acte de naissance ;

2° Le diplôme de bachelier ;

3° Une note spécifiant le choix fait par avance, en cas de succès, entre la bourse de licence et l'Ecole normale. L'inscription peut se faire à la fois pour l'Ecole et pour la bourse ;

4° Un certificat du maire constatant la situation du candidat par rapport au service militaire, seulement pour les candidats âgés de moins de 20 ans ;

5° Un *curriculum vitæ ;*

6° Une déclaration de situation de fortune.

On ne peut concourir plus de trois fois.

Le concours a lieu chaque année, en juin, au chef-lieu académique pour l'examen écrit, à Paris pour l'examen oral.

Les candidats sont répartis en deux sections : Lettres et Sciences.

1° SECTION DES LETTRES

Ecrit : Composition française, thème latin, version latine, composition de philosophie et composition d'histoire.

Oral : Explication de textes français et latins, langues vivantes, interrogations sur la philosophie et sur l'histoire moderne.

Epreuves spéciales (au choix du candidat) : *Ecrit.*

— Version grecque; composition en langue vivante compositions en mathématiques et en physique. *Oral* — Explications de textes grecs ou de langues étrangères ; interrogations sur l'histoire ancienne, interrogations sur les sciences mathématiques et les sciences physiques.

2° SECTION DES SCIENCES

Deux groupes :

1° Programme de la classe de mathématiques spéciales ;

2° Programme du P. C. N.

Premier groupe

Ecrit: Composition de mathématiques spéciales composition de mathématiques générales, composition de physique, composition française, deux versions au choix : latin, allemand, anglais.

Oral: Interrogations sur les mathématiques, l physique et la chimie.

Deuxième groupe

Ecrit: Compositions : Mathématiques générales composition française, deux versions comme ci-dessus, composition de physique, de chimie et de sciences naturelles.

Le candidat admissible doit prendre l'engagemen

écrit de restituer à l'Etat le prix de la bourse ou de la pension dont il aura bénéficié si, par sa faute, il sert moins de dix ans dans l'enseignement public.

Les bourses de licence sont de 1.500 et de 1.200 francs par an. Ces dernières sont de beaucoup les plus nombreuses. On peut obtenir aussi 3/4 de bourse à 900 francs et la demi bourse à 600 fr.

Les bourses et les fractions de bourse sont accordées pour un an aux candidats de la section des lettres, sauf à ceux qui visent les langues vivantes : ceux-ci font d'abord un séjour d'un an à l'étranger, et reçoivent de ce fait 2.400 francs ; la deuxième année, ils suivent les cours de la faculté.

Les bourses en vue de la licence ès-sciences, sont de deux ans.

2° CARRIERES DIPLOMATIQUES ET CONSULAIRES

I. Ambassades

La carrière diplomatique est une des plus brillantes et des plus intéressantes qu'un jeune homme puisse envier. Les agents diplomatiques sont en effet chargés de représenter, hors de France, le gouvernement et la politique de notre pays. Ils doivent surveiller et défendre les intérêts généraux de la nation, préparer les alliances, conclure ou aider à conclure des traités. Ils ont, en outre, le devoir de faire connaître leur pays à l'étranger et de renseigner leur gouvernement sur les faits, les événements, les courants d'opinions qui se produisent dans les pays de résidence ; en fréquentant les cercles politiques, ils se créent des relations précieuses avec les hommes éminents des nations où ils reçoivent l'hospitalité et, par ces relations mêmes, ils peuvent rendre de grands services à leur patrie, soit en disposant les esprits en sa faveur, soit en pénétrant les ressorts secrets de la politique contemporaine. Cette carrière exige de ceux qui veulent s'y livrer une instruction approfondie, du tact, des gouts élevés et distingués, de la perspicacité et une grande possession de soi-même.

Malheureusement, elle présente d'assez nombreux écueils, de nature à faire réfléchir un père de famille ou un jeune homme qu'elle aurait tentés. Le plus important de ces écueils, c'est la question de fortune. Les traitements, en apparence très élevés pour les postes de premier ordre et en réalité très modiques pour les débuts, rendent cette carrière à peu près inabordable pour ceux qui ne possèdent pas de grandes ressources, de sorte que, dans les conditions actuelles, cette carrière convient seulement aux fils de familles riches.

Quoi qu'il en soit, nous indiquons ci-dessous les conditions dans lesquelles s'opère le recrutement des agents diplomatiques qui dépendent du Ministère des affaires étrangères.

La voie ordinaire pour l'admission dans les carrières diplomatiques consiste à subir les épreuves du concours d'entrée au Ministère des affaires étran-

gères, dont nous donnons plus loin le programme:
Les candidats déclarés admissibles à la suite de ce concours ont à effectuer un stage de six mois à l'Administration centrale du Ministère des affaires étrangères et un stage d'égale durée dans une ambassade ou une légation ; après deux ans de service, ils subissent un examen de classement et c'est après avoir subi avec succès les épreuves de cet examen qu'ils peuvent être nommés secrétaires d'ambassade de troisième classe.

Traitement du corps diplomatique

Attachés d'ambassade	1.500 fr.
Secrétaires d'ambassade de 3e classe . .	5.000 fr.
Secrétaires d'ambassade de 2e classe . .	10.000 fr.
Secrétaires d'ambassade de 1re classe . .	16.000 fr.
Ministres plénipotentiaires de 2e classe	24.000 fr.
Ministres plénipotentiaires de 1re classe	30.000 fr.
Ambassadeurs	40.000 fr.

II. Carrières consulaires: Consuls et Vice-consuls

Les consuls sont délégués par le pouvoir exécutif, dans les places de commerce et les ports de mer des Etats étrangers, pour représenter le pays, protéger les Français, veiller à la conservation de leurs droits et privilèges, et remplir certaines fonctions d'administration, de magistrature ou de conseils.

Elle convient aux hommes énergiques et prudents, indépendants et quelque peu aventureux, à ceux que préoccupent les sentiments généreux, qui comprennent vite et facilement, qui sont doués de cette sorte d'instinct qui fait rapidement deviner les détails qu'on ne sait pas, à l'aide des idées générales et des vues élevées qui dominent les jugements.

En effet, un consul est toujours isolé sur le point qu'il administre ; il est le maître et n'a pour guide que ses lumières et son expérience personnelles ; il faut qu'il décide presque toujours seul ; il est l'appui de tous les Français qui résident ou qui passent dans son arrondissement ; il doit faire respecter la nation française, même dans la personne du plus pauvre et du plus obscur de ses membres ; il doit être toujours prêt pour le conseil ou pour la décision.

La carrière est si vaste, les positions sont si diverses, le consul a tant de ménagements à garder vis-à-vis de ses concitoyens et des étrangers, il est sous le poids d'une responsabilité si continuelle et souvent si lourde, qu'il est peu de professions qui offrent à un homme capable autant d'occasions de faire preuve de capacité, une aussi constante nécessité de faire vivre et de déployer ses facultés, et conséquemment une source aussi féconde de satisfactions personnelles.

Toutefois, ces brillants avantages sont compensés par la nécessité de s'expatrier pour longtemps, peut-être pour toujours ; celui qui ne verrait pas là un pénible sacrifice ne serait pas complètement digne d'occuper un poste de consul.

Les consuls remplissent, à l'égard des Français qui se trouvent dans leur circonscription, les fonctions d'officiers de l'état-civil, qui sont en France dans les attributions des maires : c'est-à-dire qu'ils marient et qu'ils tiennent les registres relatifs aux naissances, aux décès. Ils ont quelquefois à remplir, à l'occasion des mêmes fonctions, des devoirs administratifs, en ce qui concerne les dispenses de publication pour mariage et les dispenses d'âge dans certaines contrées.

Ils sont chargés, en ce qui concerne la délivrance et le visa des passeports, des fonctions attribuées en France aux maires, aux préfets et au ministre des affaires étrangères.

Ils ont mission de légaliser, pour les rendre valables en France, les actes délivrés par les autorités et par les fonctionnaires publics de leur arrondissement même. Ils peuvent donner caractère authentique aux actes que les Français font entre eux, mais seulement alors que ces actes sont passés en chancellerie. Ce sont là des fonctions de notaires.

Ils font parvenir, à qui de droit, les exploits signifiés en France au parquet des procureurs de la République, pour cause d'absence de la partie.

Ils sont chargés des fonctions analogues à celles de la caisse des dépôts et consignations à Paris, et des receveurs généraux dans les départements, en ce qui concerne les dépôts faits à la chancellerie, d'office ou volontairement.

Les consuls remplacent et représentent le gouvernement français pour tout ce qui tient à l'administration de la marine militaire et marchande, administration hérissée de difficultés nombreuses et compliquées, et dont les règles, en ce qui concerne les consuls, réunies dans deux longues ordonnances du 29 octobre et du 7 novembre 1883, ne sont néanmoins pas encore définies d'une manière complète.

Une loi du 8 floréal, an IV, charge les consuls, dans le cas où des prises faites par des Français, sont conduites dans les ports de leur arrondissement, de faire remplir par leurs chanceliers les formalités prescrites en France aux juges de paix.

La même loi leur confère les attributions des tribunaux de commerce pour décider de la validité des prises, sauf appel aux cours d'appel de France.

En cas de décès des nationaux dans leur arrondissement, les consuls sont encore chargés, pour la conservation de la succession, des fonctions conférées en France aux juges de paix.

Parmi les nations chrétiennes, le pouvoir des consuls ne va pas jusqu'à la juridiction de délits et de crimes. Un usage général leur attribue seulement le droit d'exercer, sur les navires de leur nation, un pouvoir de police et de répression.

Mais, dans les Etats hors chrétienté, les consuls ont le droit de pourvoir au maintien de la police entre Français, de réprimer les contraventions ou délits qui ne donnent lieu qu'à des amendes pécuniaires, de faire des informations contre les auteurs de crimes, et d'employer les moyens coercitifs pour livrer les coupables aux tribunaux français. Ils peuvent même faire arrêter et renvoyer en France, avec certaines formalités, les Français dont le séjour peut troubler la tranquillité du pays, et nuire à la considération des Français et à leur commerce.

Ils ont aussi un rôle politique à jouer, surtout en Orient et dans l'Amérique du Sud ; ils ont à sauvegarder fréquemment les intérêts généraux de la France dans ces contrées.

Enfin les consuls sont chargés de renseigner le département des Affaires étrangères sur tous les faits importants des Affaires étrangères qui se produisent dans leur circonscription. Aussi jouissent-ils de certains privilèges qui leur sont communs avec les agents diplomatiques; leur domicile est inviolable et ils ne doivent pas comparaître en justice; c'est aux juges à se transporter chez eux, pour tout ce qui est de leur ressort. Ils sont exempts de toute taxe municipale et de toute espèce d'impôt, de quelque nature que ce soit.

Le recrutement du corps consulaire s'opère par deux voies différentes:

1° Par le concours d'entrée au Ministère des affaires étrangères, qui est le même que celui du corps diplomatique et que nous citons in-extenso, page 217.

2° Par le concours des élèves vice-consuls que nous citons également page 227.

Les traitements du corps consulaire sont fixés ainsi qu'il suit:

Elèves vice-consuls	1.500 fr.
Vice-consuls (3e classe) . . .	6.000 fr. à 20.000 fr.
Consuls (suppléants) . . .	5.000 fr.
Consuls (2e classe)	14.000 fr. à 35.000 fr.
Consuls généraux.	18.000 fr. à 55.000 fr.

Après l'admissibilité définitive, les candidats ont à effectuer un double stage: six mois dans l'administration centrale (direction des consulats), six mois dans un consulat avec traitement de 1.500 francs. Comme dans le corps diplomatique, ils ont à subir, après deux années de service, un examen de classement. Les candidats admis à cet examen sont nommés élèves-consuls et ensuite vice-consuls.

III. Corps des interprètes

Le corps des interprètes ou drogmans se recrute parmi les élèves diplômés de l'Ecole des langues orientales vivantes. Il y a trois classes d'interprètes, avec des traitements correspondants de 5.500 à 20.000 francs.

Le poste de début est celui d'élève-interprète avec un traitement de 5.000 francs.

Ecole des langues orientales vivantes

Située à Paris, 2, rue de Lille, cette école a pour but d'enseigner les langues orientales suivantes: arabe, persan, turc, siamois, arménien, grec moderne, hindoustani et tamoul, chinois, japonais, annamite, russe, roumain, abyssin, malgache, etc., particulièrement pour le recrutement des interprètes des chancelleries.

Cette école comprend deux catégories d'élèves soumis à des conditions d'admission différentes:

Section commerciale dans laquelle les jeunes gens sont admis sans baccalauréat, et section administrative dans laquelle sont seuls admis les candidats bacheliers. La durée des études est de trois ans pour la section administrative et de deux ans pour la section commerciale. Les droits d'inscription sont de 50 francs par semestre.

A la fin de leurs études, les élèves de la section

administrative reçoivent un diplôme, et ceux de la section commerciale reçoivent un certificat.

Les élèves diplômés sont mis à la disposition des ministères des affaires étrangères, de la guerre, de la marine et des colonies, en vue des services extérieurs.

IV. Concours d'entrée au Ministère des Affaires Etrangères Administration centrale, Corps diplomatique, Consulats

Un concours est ouvert chaque année dans le courant du deuxième trimestre, pour l'admission aux emplois vacants d'attachés d'ambassade et d'élèves-consuls ; la date en est fixée au moins cinq mois d'avance par un décret qui indique en même temps le nombre de places mises au concours dans les deux carrières.

Dans le délai d'un mois, à dater de la publication de ce décret, les candidats se font inscrire au Ministère des Affaires Etrangères, sur un registre ouvert à cet effet. Ils doivent, au moment de leur inscription, justifier :

1° Qu'ils sont Français, qu'ils jouissent de tous leurs droits et qu'ils ont satisfait à la loi militaire ;

2° Qu'ils sont âgés de plus de 23 ans et de moins de 27 au moment de leur inscription. Les jeunes gens qui auront été réformés par l'autorité militaire subiront, sur le total de leurs notes, une diminution de dix points, pour compenser l'avantage résultant pour eux d'une préparation plus longue et continue ; ils devront en outre produire un certificat d'aptitude physique qui leur sera délivré par le médecin du département ;

3° Qu'ils sont licenciés en droit, ès-lettres, ès-sciences ou qu'ils ont le diplôme de l'Ecole des Chartes ou ont satisfait aux examens de sortie de l'Ecole Normale, de l'Ecole Polytechnique, de l'Ecole nationale des Mines, de l'Ecole des Ponts et Chaussées, de l'Ecole Forestière, de l'Ecole militaire ou de l'Ecole Navale ; qu'ils ont un brevet d'officier des armées actives de terre ou de mer, soit un diplôme de l'Ecole Centrale des Arts et Manufactures, de l'Ecole des Hautes Etudes Commerciales, d'une Ecole Supérieure de Commerce agréée par le gouvernement, de l'Ecole Coloniale ou de l'Institut National Agronomique, ou, qu'étant bacheliers, ils sont diplômés de l'Ecole des Sciences Politiques.

La liste des candidats est arrêtée par le ministre, un mois après la clôture de la période d'inscription.

Les candidats inscrits seront tenus de faire un stage de trois mois à l'Ecole d'Administration Centrale dans les conditions suivantes :

Le ministre désigne chaque année une commission du stage composée du chef adjoint du cabinet et de quatre agents du département ; savoir : un président, deux membres, un secrétaire.

Les stagiaires sont réunis au ministère des Affaires Etrangères pour des interrogations ou des exercices pratiques, sous la direction du président et des membres de la commission.

Au bout de cette période de trois mois, la commission du stage se réunit et donne à chaque candidat une note d'aptitude professionnelle (variant de 0 à 20), qui, multipliée par le coefficient 2, sera ajoutée, pour le classement final, au total des notes obtenues à l'oral et à l'écrit par le candidat.

Les membres de la commission du stage ne peuvent faire partie du jury d'examen.

Nul candidat ne pourra se présenter plus de trois fois au concours tel qu'il est institué par le présent décret.

Les conditions d'âge prévues à l'article 2 seront exigées au moment de chaque inscription.

Le jury d'examen se compose de six membres, dont trois seulement seront choisis, d'accord avec le ministre du commerce, dans les administrations civiles, les grands corps de l'Etat, les universités ou établissements d'enseignement supérieur ou secondaire, les chambres de commerce, etc.

Le concours comporte des épreuves écrites dites d'admissibilité et des épreuves orales dites d'admission définitive conformes aux programmes ci-annexés.

Les matières inscrites dans ces programmes sont les mêmes pour les deux carrières.

Nul ne pourra subir les épreuves orales, s'il n'a été déclaré admissible à la suite des épreuves écrites.

Le nombre des admissibilités ne pourra, en aucun cas, être supérieur à la moitié du nombre des candidats ayant pris part aux épreuves écrites.

Les résultats des épreuves, tant écrites qu'orales, seront déterminés par des notes exprimées en chiffres de 0 à 20.

Le classement des candidats résultera du nombre de points obtenus par l'addition qui sera faite des différentes notes multipliées par les coefficients respectivement indiqués dans les programmes ci-annexés.

Sera éliminé tout candidat qui aura obtenu une note inférieure à 5.

Le jury délibère et arrête séance tenante, par ordre de classement, la liste des candidats reçus en nombre égal à celui des places mises au concours.

Les candidats reçus sont appelés, suivant leur ordre de classement, à choisir la carrière diplomatique ou la carrière consulaire.

Les attachés d'ambassade et les élèves-consuls ne pourront être nommés respectivement secrétaires d'ambassade de troisième classe ou consuls suppléants qu'après deux années de grade.

Les grades de secrétaire d'ambassade ou de suppléant ne pourront être respectivement conférés qu'aux attachés d'ambassade ou aux élèves consuls issus du concours et au fur et à mesure des vacances, sauf en ce qui concerne les attachés autorisés actuellement en fonctions et dont la situation se trouve réglée par le décret du 16 janvier 1907.

Programme des épreuves écrites

I. — Epreuves écrites sur les langues vivantes.

Elles consistent :

1° Dans une rédaction en anglais ou en allemand sur un sujet qui sera donné aux candidats ;

2° Dans la traduction d'un document écrit en langue autre que celle qui aura été choisie pour la rédaction.

Cette autre langue pourra être l'anglais, l'allemand, l'espagnol, l'italien ou le russe.

La deuxième épreuve n'entrera dans la détermination de la note que pour 1/3.

Il sera tenu compte aux candidats de la connaissance qu'ils pourront avoir de langues étrangères autres que celles qui auront été choisies pour la rédaction et la traduction. L'épreuve pour chacune de ces langues supplémentaires consistera en une rédaction.

II. — Composition écrite sur l'histoire diplomatique (Europe, Amérique, Asie, Afrique) au XVIIIe et au XIXe siècle.

III. — Composition écrite sur un sujet tiré des connaissances géographiques, commerciales et économiques suivantes.

Notions générales sur la géographie des divers Etats : armée, places fortes, marine de guerre, ports et arsenaux.

Marine de commerce : importance relative des différentes puissances maritimes dans l'industrie des transports ; grandes compagnies de navigation maritime et principales lignes de paquebots.

Grands centres de production des principaux produits naturels et manufacturés. Grandes routes commerciales du globe. Foires et marchés internationaux.

Canaux et canaux maritimes; chemins de fer; lignes télégraphiques et sous-marines.

Colonies.

Principales importations en France; exportation des principaux produits français. Débouchés. Concurrence.

Chambres de commerce: leurs attributions.

Chambres de commerce françaises à l'étranger.

Office national du commerce extérieur.

Régime douanier. Système du libre-échange. Système protecteur.

Tarif autonome et tarif conventionnel.

Traités de commerce; clause de la nation la plus favorisée.

Définitions des termes usités dans les relevés de l'administration des douanes, commerce extérieur et commerce intérieur; droits à l'importation, à l'exportation, transit; droits spéciaux et droits *ad valorem*, primes, *drawbacks*, admission temporaire, entrepôts et docks, rayon frontière, contentieux douanier, commerce général et commerce spécial, valeurs en douane.

Notions sur les régimes douaniers étrangers; unions douanières.

Régime des voyageurs de commerce français à l'étranger.

Notions de droit maritime; du navire, nationalité, francisation, armement, désarmement, abandon, affrètement, avaries, abordage, assurances, prêts à la grosse, vente, hypothèque, naufrage.

Marine marchande: sa nécessité politique et économique. Définitions des termes: navigation réservée, cabotage, navigation de concurrence, long-cours, droits de quai. Surtaxe d'entrepôt. Surtaxe de pavillon. Primes à la construction. Primes à la navigation. Compensation d'armement. Primes à la grande pêche. Pêche côtière.

Régime des ports français.

Régime des principaux ports étrangers militaires et marchands.

Ports francs.

Chemins de fer : leur importance économique ; aperçu général sur leur régime dans les principaux Etats ; tarifs d'exportation, tarifs de pénétration, tarifs de transit.

Transports internationaux. Convention de Berne. Union télégraphique internationale.

Notions générales sur l'émigration. Principaux courants d'émigration.

Colonisation : différents types de colonies ; leurs avantages politiques et économiques. Notions sur le régime commercial des colonies françaises.

De la monnaie : divers systèmes monétaires. Union latine.

Système de poids et mesures des principaux Etats.

Notions sur le crédit. Rôle et organisation des banques d'émission, de circulation et de dépôt. Change. Escompte. Effets de commerce. Crédit foncier. Crédit mobilier. Bourses de valeur et bourses de commerce. *Clearing-house.* Agents de change et courtiers.

Notions générales sur les sociétés commerciales et sur la condition des sociétés étrangères en France et des sociétés françaises dans les principaux pays étrangers.

Notions sur le budget de l'Etat. Dépenses publiques, revenus et impôts. Dette publique. Amortissement. Conversion.

Propriété industrielle. Protection des brevets, des marques de fabrique et de commerce, des dessins et des modèles d'après le droit conventionnel international.

Législation ouvrière en France et à l'étranger. Notions générales ; traités et travail.

(L'énumération des matières ci-dessus est limitative).

IV. — Composition écrite sur un sujet de droit international public ou de droit international privé.

Les notes obtenues pour ces épreuves seront multipliées par les coefficients suivants :

Langues vivantes 2

Histoire diplomatique 2

Connaissances géographiques, commerciales et économiques 2

Droit international 1

Chaque langue supplémentaire fera l'objet d'une note variant de 0 à 20 et multipliée par le coefficient 1/10, sans que le total des points obtenus ainsi puisse dépasser 5.

Programme des épreuves orales
(admission définitive)

I. — Langues vivantes.

Cette épreuve consiste dans une analyse orale, en anglais ou en allemand, d'un document manuscrit anglais ou allemand qui sera lu par le candidat et écrit dans une langue autre que celle qui aura été choisie pour l'analyse. Cette autre langue pourra être l'anglais ou l'allemand, l'espagnol, l'italien ou le russe.

La deuxième partie de l'épreuve n'entrera dans la détermination de la note que pour un tiers.

Il sera tenu compte aux candidats de la connaissance d'autres langues étrangères justifiée par une analyse orale dans la langue choisie.

II. — Exposé oral de dix minutes au maximum sur un sujet ayant trait au développement politique et économique des diverses puissances de 1815 à nos jours. Le sujet sera tiré au sort. Il sera accordé à chaque candidat une demi-heure de préparation. Tous documents imprimés ou manuscrits lui seront interdits à peine d'exclusion.

III. — Interrogations sur un sujet tiré des connaissances géographiques, commerciales et économiques énumérées au paragraphe III du programme des épreuves écrites.

Le candidat pourra demander à faire sur ces matières un exposé oral dans les conditions prévues au paragraphe II précédent. Dans ce cas, l'histoire contemporaine ne fera l'objet que d'une interrogation.

IV. — Interrogations, soit sur un sujet de droit civil français, soit sur un sujet de droit international privé.

L'interrogation sur le droit civil portera sur les matières suivantes :

Actes de l'état-civil ;

Du mariage ;

Des contrats de mariage ;

Minorité et tutelle ;

Successions et testaments ;

Notions sommaires sur le domicile, la jouissance et la privation des droits civils ; la séparation de corps et le divorce ; la paternité et la filiation ; l'adoption et la tutelle officieuse ; la puissance paternelle ; la majorité et l'interdiction ; les contrats et les obligations conventionnelles.

Les notes obtenues pour ces épreuves seront multipliées par les coefficients suivants :

Langues vivantes	1
Histoire contemporaine, exposé oral . . .	2
Ou interrogation	1
Connaissances géographiques, commerciales et économiques, interrogation	1

Ou exposé oral . . . . , 2
Droit civil, droit international 1
Stage 2

Chaque langue vivante supplémentaire fera l'objet d'une note variant de 0 à 20 et multipliée par le coefficient 1/10, sans que le total des points obtenus puisse dépasser 5.

V. Concours pour le recrutement des élèves vice-consuls

Un concours est ouvert chaque année pour l'admission aux emplois d'élèves vice-consuls ; la date en est fixée au moins deux mois à l'avance par un arrêté qui indique en même temps le nombre des places mises au concours.

Dans le délai d'un mois à dater de la publication de cet arrêté au *Journal Officiel*, les candidats se font inscrire au ministère des Affaires Etrangères sur un registre ouvert à cet effet. Ils doivent, au moment de leur inscription, justifier :

1° Qu'ils sont Français, jouissent de leurs droits et qu'ils ont satisfait à la loi militaire ;

2° Qu'ils sont âgés de plus de 21 ans et de moins de 30 ans au moment de leur inscription ;

3° Qu'ils sont pourvus du diplôme supérieur, soit de l'Ecole des Hautes études Commerciales de Paris, soit d'une Ecole Supérieure de Commerce reconnue par l'Etat, ou au moins qu'ils sont bacheliers ; ils devront en outre produire un certificat d'aptitude physique qui leur sera délivré par le médecin du département. La liste des candidats est arrêtée par le ministre dans le mois qui suit la clôture de la période d'inscription.

Le jury d'examen se compose d'un président et de deux membres, dont l'un est choisi d'accord avec le ministre du commerce.

Nul candidat ne pourra se présenter plus de trois fois au concours tel qu'il est institué par le présent décret ; les conditions d'âge prévues par l'article 2 seront exigées au moment de chaque inscription.

Le concours comporte des épreuves d'admissibilité et des épreuves d'admission définitive.

Le nombre des candidats déclarés admissibles devra être au moins égal au double des places mises au concours.

Les épreuves d'admissibilité consistent dans :

1° Une composition écrite sur un sujet tiré des connaissances suivantes de géographie économique ; les grands centres de production, les principaux marchés, les grandes routes commerciales du globe, les fleuves et rivières navigables, les canaux, les lignes internationales de chemins de fer, les principales voies de communication maritimes, les grands ports ; notions générales sur les races, les populations, les langues et les climats dans les divers pays, ainsi que sur les richesses minérales, agricoles et industrielles et la marine marchande des principaux Etats.

2° Une traduction sans dictionnaire d'un texte facile : anglais, allemand ou espagnol.

La durée de ces épreuves est fixée à trois heures pour la composition de géographie économique et deux heures pour la version.

Les épreuves d'admission comprennent :

1° Lecture et traduction d'un texte courant et courte conversation dans la langue présentée à l'écrit ;

2° Interrogations sur les matières suivantes dont l'énumération est limitative :

a) Droit civil.

Actes de l'état-civil, livre I, titres Ier et II du Code civil. Du mariage, livre I, titre V. Successions et testaments, livre III, titre II. Minorité et tutelle, livre I, titre X.

b) Droit maritime (notions sommaires). Du navire, nationalité, francisation, armement, désarmement, abandon, affrètement, avaries, abordage, vente, naufrage, assurances ;

c) Législation commerciale et douanière. Notions générales sur les effets de commerce, sur les commerçants et les sociétés de commerce, lettres de change, chèques et billets à ordre, sur le change et les divers systèmes monétaires.

d) Droit international public. Les consuls, leurs attributions ;

3° Une épreuve de dactylographie consistant dans la copie d'un document qui devra être faite en un quart d'heure.

Les candidats peuvent demander à être interrogés sur des langues supplémentaires dans les conditions prévues au paragraphe premier.

Les résultats des épreuves, tant écrites qu'orales, seront déterminés par des notes exprimées en chiffres, variant de 0 à 20 ; seule l'épreuve de dactylographie sera cotée de 0 à 10. Sera éliminé, tout candidat ayant obtenu une note inférieure à 2.

Chaque langue supplémentaire fera l'objet d'une

note variant de 0 à 20, multipliée par le coefficient 1/4, sans que le total des points ainsi obtenus puisse dépasser 12.

Le jury délibère et arrête séance tenante, par ordre de classement, la liste des candidats reçus, en nombre égal à celui des places mises au concours.

3° CARRIERES DE L'ARMEE

L'armée de terre offre aux jeunes gens deux catégories de carrières :

1° Dans les cadres d'officiers, pour les jeunes gens qui ont fait des études secondaires accompagnées d'études spéciales ;

2° Dans la troupe, pour les jeunes gens qui, ayant fait des études primaires supérieures ou secondaires sans baccalauréat, veulent franchir les grades de sous-officiers, pour ensuite bénéficier des conditions de faveur qui sont faites aux sous-officiers dans l'attribution d'un grand nombre d'emplois publics.

Les Etats-majors de l'armée comprennent :

1° Des officiers d'infanterie ;

2° Des officiers de cavalerie ;

3° Des officiers d'artillerie ;

4° Des officiers du génie et du train des équipages ;

5° Des officiers de gendarmerie ;

6° Des ingénieurs des poudres et salpêtres ;
7° Des pharmaciens et médecins de l'armée ;
8° Les vétérinaires ;
9° L'intendance ;
10° Les contrôleurs de l'Administration ;
11° Les officiers d'administration ;
12° Les chefs de musique ;
13° Les contrôleurs d'armes ;
14° Les interprètes militaires ;
15° Les gardes d'artillerie.

I° Infanterie

Les officiers d'infanterie sont recrutés :

1° Parmi les élèves de l'école militaire de Saint-Cyr (voir page 244) ;

2° Parmi les élèves de l'école des sous-officiers de Saint-Maixent (voir page 244) ;

3° Par le grade d'adjudant.

2° Cavalerie

Les officiers de cavalerie sont recrutés :

1° Parmi les élèves de l'école de Saint-Cyr qui ont fait un stage à l'école d'application de Saumur (voir page 245) ;

2° Parmi les élèves de l'école d'application de Saumur ;

3° Par le grade d'adjudant.

3° et 4° Artillerie, génie et train des équipages

Les officiers de ces armes sont recrutés :
1° Par l'Ecole Polytechnique (voir page 243) ;
2° Par l'école d'application de Fontainebleau (voir page 244) ;
3° Par l'école des sous-officiers de Versailles (voir page 245) ;
4° Par le grade d'adjudant.

5° Gendarmerie

Les officiers de gendarmerie sont recrutés :
1° Parmi les sous-lieutenants des autres armes ;
2° Par l'école des sous-officiers de gendarmerie.

6° Poudres et salpêtres

Les ingénieurs des poudres et salpêtres sont recrutés comme suit :
1° Les 4/5 parmi les ingénieurs sortant de Polytechnique après deux ans d'école d'application ;
2° Pour 1/5 parmi les agents techniques des poudres et salpêtres.

7° Corps de santé militaire médecins et pharmaciens

Les médecins et pharmaciens de l'armée sont recrutés parmi les élèves de l'école de santé de Lyon et de l'Ecole du Val-de-Grâce, à Paris (voir page 246).

8° Vétérinaires

Les vétérinaires de l'armée sont recrutés parmi :

1° Les élèves sortant de l'école vétérinaire de Lyon ;

2° Les aides vétérinaires stagiaires admis à l'école d'application de Saumur qui satisfont aux examens de sortie de l'école.

9° Intendance militaire

Les cadres de l'intendance militaire se recrutent au moyen des concours suivants, qui ouvrent l'accès de chaque classe de ce grade.

Candidats admis à concourir

Sont admis au concours, sur leur demande et sur la présentation du général commandant le corps d'armée, les capitaines de toutes armes et les officiers d'administration de première ou de deuxième classe du service de l'intendance et du service de santé qui n'auront pas dépassé, au 31 décembre de l'année pendant laquelle ont lieu les épreuves de la première série, l'âge de 44 ans.

Les candidats en possession de l'un des grades sus-indiqués, formulent une demande qui, revêtue de l'avis des chefs hiérarchiques du signataire, doit parvenir, au général commandant le corps d'armée, au plus tard le premier août.

Le général commandant le corps d'armée s'assure, par les moyens qu'il juge convenable d'employer, et par l'examen des feuillets du personnel, que les candidats réunissent toutes les conditions nécessaires pour entrer dans l'intendance.

Il établit un état de proposition et l'envoie au Ministre, accompagné :

1° D'un avis du directeur de l'intendance et du sous-intendant, sur la capacité et les connaissances administratives du candidat ;

2° D'une copie certifiée du feuillet du personnel.

Les états de présentation doivent parvenir au Ministre le premier septembre.

CONCOURS D'INTENDANT MILITAIRE ADJOINT

PREMIER EXAMEN

Epreuves écrites

Deux compositions dont les sujets sont tirés, l'un du programme A, l'autre de la deuxième partie de ce programme.

Epreuves orales

La première, sur la première partie ; la deuxième, sur la deuxième partie du programme A.

Epreuves d'équitation

Service militaire.

Stage

De 15 mois (octobre à décembre) à Paris, pour les candidats admis qui suivent les cours à l'Ecole Libre des Sciences Politiques avec cours techniques et professionnels et travaux pratiques sous la direction générale du président du comité technique de l'Intendance.

DEUXIÈME EXAMEN

Epreuves orales

1° Administration générale et administration militaire en temps de paix; 2° en temps de guerre; 3° Services techniques. Equitation. Aptitude générale.

Facultativement

Langues étrangères (allemand: 6; autres: 2).

CONCOURS D'INTENDANT MILITAIRE DE TROISIÈME CLASSE

PREMIER EXAMEN ÉLIMINATOIRE (20 novembre)

Epreuves écrites

Composition tirée du programme A; composition tirée du programme B.

Epreuves orales

Question sur la première partie et sur la législation spéciale à l'armée du programme B ; équitation.

DEUXIÈME EXAMEN (1er décembre)

Epreuves orales

Trois sur chacune des parties du programme B ; une sur le programme C ; services militaires.

CONCOURS D'INTENDANT MILITAIRE DE DEUXIÈME CLASSE

1° Epreuve d'équitation ; 2° composition écrite sur la législation et l'administration militaire du programme A ; 3° rédaction d'un rapport d'après un dossier communiqué ; 4° examens oraux, pratiques, sur des cas concrets se rattachant, l'un au programme A, et l'autre au programme B, ou constituant une application de ces programmes. Services militaires.

PROGRAMME DES TROIS CONCOURS

Programme A

Première partie : droit constitutionnel, administratif, civil ; législation industrielle et commerciale, droit criminel. Economie politique ; statistique et géographie économique.

Deuxième partie : législation spéciale à l'armée (constitution, institutions militaires, droit civil à l'armée), administration militaire du temps de paix (organisation, voies et moyens, comptabilité des corps et services divers), règlements généraux.

Programme B

Première partie : administration militaire en général ; service détaillé de l'Intendance ; administration des corps de troupes ; service des fonds, comptabilité, deniers et matières, service de la solde, frais de routes, courriers, transports ; lits militaires, casernement.

Deuxième partie : service technique des subsistances, de l'habillement, du campement et du harnachement ; notions de technologie.

Troisième partie : administration en temps de guerre : mobilisation, alimentation, service de l'armée ; ravitaillement.

Programme C

Législation ouvrière (organisation du travail, assurances sociales) ; affaires de banque, transports par chemin de fer et navigation ; droit international, matières budgétaires.

RECRUTEMENT

Les adjoints de l'intendance militaire sont recrutés parmi les capitaines de toutes armes et officiers d'administration de première classe des services d'état-major et du recrutement, de l'artillerie du génie, de l'intendance et de santé ayant deux ans de grade et onze ans de service comme officiers.

Les sous-intendants de troisième classe sont recrutés :

Un cinquième parmi les chefs de bataillon ou d'escadron, majors, officiers d'administration principaux et de santé et les capitaines et officiers d'administration de première classe ayant sept ans de grade et servi seize ans comme officiers.

10° Contrôleurs d'administration de l'armée

Les contrôleurs de l'armée sont recrutés parmi les chefs de bataillon ou d'escadron, ou majors, sans condition d'ancienneté, les sous-intendants de troisième classe de deux ans de grade et les capitaines de toutes armes maintenus au tableau d'avancement par l'inspecteur général, au moyen d'un concours qui a lieu dans les conditions suivantes :

CONCOURS DE CONTROLEURS ADJOINTS DE L'ADMINISTRATION DE L'ARMÉE

PROGRAMME

Première partie

Droit politique et constitutionnel français ;
Droit administratif ;
Juridiction administrative.

Deuxième partie

Economie politique et commerciale, comptabilité commerciale.

Troisième partie

Législation et administration militaires (organisation de l'armée, dispositions concernant les personnes, règles générales sur l'administration de l'armée).

Règles particulières aux divers services: artillerie, génie, intendance, poudres et salpêtres, service de santé, service géographique).

Règles particulières aux corps de troupes et établissements pénitenciers et prisons, remonte, service vétérinaire, écoles militaires.

11° Officiers d'administration

Les officiers d'administration sont recrutés : parmi les élèves de l'Ecole d'administration militaire de Vincennes, et parmi les adjudants de 10 ans des commis et ouvriers d'administration.

Pour l'admission à l'Ecole d'Administration militaire, voir plus loin, page 246.

12° Chefs de musique

Les chefs de musique sont recrutés au moyen de

concours déterminés chaque année par le ministre de la guerre.

Les emplois de chefs de musique dans le génie et l'artillerie à Versailles ou à Vincennes sont donnés aussi au moyen d'un concours auxquels peuvent prendre part tous les chefs de musique de l'armée.

13° Contrôleurs d'armes

Les contrôleurs d'armes sont recrutés parmi les ouvriers des manufactures d'armes et parmi les chefs armuriers de première classe proposés, avant 45 ans, pour le service des directions d'artillerie.

14° Interprètes militaires

Les interprètes militaires sont recrutés au moyen d'un concours qui a lieu dans les conditions suivantes :

Interprétation orale en français ou en arabe sur les points du service général ; lecture et traduction orale et par écrit d'arabe en français ; traduction écrite de français en arabe ; histoire et géographie de l'Afrique septentrionale ; questions relatives à l'étude de la langue française.

15° Gardes d'artillerie

Il y a deux catégories de gardes d'artillerie :

1° Les gardes-comptables ou chefs artificiers, qui

sont recrutés parmi les ouvriers d'Etat ou gardiens de batterie et les sous-officiers rengagés de deux ans de grade ou commissionnés, de moins de 40 ans, au moyen d'un concours portant sur le programme suivant :

Grammaire française élémentaire ; arithmétique y compris la racine carrée ; géométrie plane et dans l'espace ; géographie générale ; topographie élémentaire, dessin, histoire de France (en détail : Henri IV) ; matières spéciales militaires d'après les instructions et règlements ; télégraphie électrique, appareils, postes, téléphones, construction des lignes, éclairage électrique, paratonnerre ; attributions et fonctions des gardes ; comptabilité matières ; comptabilité finances ; bâtiments et machines ; transports de la guerre ; conservation des poudres.

Examen des Chefs ouvriers

Ecriture, états de prévision, feuilles d'émargements ; procès-verbaux de réception.

2° Les gardes-chefs ouvriers qui sont recrutés parmi les ouvriers d'état sans distinction de profession et exceptionnellement parmi les sous-officiers de l'armée, rengagés ou commissionnés, au moyen du concours suivant (ouvert au commencement de septembre, chaque année).

PREMIER EXAMEN

Epreuves écrites

Dictée ; composition française ; lettre, rapport, histoire et géographie ; arithmétique et géométrie ; dessin linéaire. Notes du chef de corps, du général de brigade, du général inspecteur.

Epreuves orales

Comptabilité des intérieurs de corps de troupe. Manipulation pratique des appareils de télégraphie électrique. Spécialement : service et entretien du harnachement dans les corps de troupes, pour les sous-officiers des régiments et bataillons de forteresse comptabilité des ateliers, pour les ouvriers d'Etat, les gardiens de batterie et les sous-officiers des compagnies d'ouvriers et d'artificiers. Majoration de points pour les années de service, les décorations, les campagnes, les blessures.

Stage

De 6 mois (à partir du 20 octobre) pour les comptables, à la direction d'artillerie de Lyon ; pour les chefs artificiers, à l'école de pyrotechnie, à Bourges.

ECOLES DEPENDANT DU MINISTERE DE LA GUERRE

Ecole Polytechnique

Située à Paris, elle est destinée à former des officiers de l'artillerie de terre et de mer, du génie maritime et militaire, elle fournit aussi des ingénieurs hydrographes, des mines, des ponts et chaussées, des poudres et salpêtres, des manufactures de l'Etat, des eaux et forêts.

Le régime de l'école est l'internat militaire.

La pension est de 1.000 francs, plus une somme de 700 francs pour le trousseau.

La durée des études est de deux ans. Sont seuls admis à prendre part au concours, les candidats bacheliers.

Le nombre des élèves admis chaque année est de 220 environ.

Ecole militaire de Saint-Cyr

Elle est destinée à fournir des officiers pour la cavalerie et les infanteries de terre et de marine.

Internat militaire.

Pension de 1.500 francs et trousseau de 700 fr.

Deux ans d'études. Recrutement au concours. Age : 17 à 21 ans.

Etre au moins bachelier de première partie.

Les élèves sortent sous-lieutenants de cavalerie, d'infanterie de terre ou de marine.

Ecole d'infanterie de Saint-Maixent

Cette école est destinée à former des officiers d'infanterie de terre et de marine. Les candidats doivent être sous-officiers et avoir au moins deux ans de ce grade.

Les cours durent un an.

A la sortie, les élèves reçoivent le grade d'officier et prennent rang comme sous-lieutenants.

Ecole d'application d'artillerie et du génie de Fontainebleau

Cette école donne l'instruction professionnelle pour les sous-lieutenants qui sortent de Polytechnique dans l'artillerie ou le génie. La durée des études est de deux ans. Les élèves reçoivent à la sortie le grade de lieutenant de deuxième classe.

Ecole d'artillerie, du génie et du train des équipages, à Versailles

Elle a pour but de compléter l'instruction des sous-officiers susceptibles d'être nommés officiers d'artillerie, du génie ou du train des équipages, Pour être admis, les candidats doivent avoir deux ans de grade comme sous-officier. La durée des études est de un an.

Les élèves sortent comme sous-lieutenants.

Ecole de dessin du service géographique de l'armée

Elle a pour but de former les dessinateurs pour le service de l'armée. L'admission a lieu par voie de concours. Les candidats doivent avoir de 15 à 17 ans. Durée des études : deux ans. Externat gratuit. Les élèves sortent avec le titre de dessinateurs du service de géographie.

Ecole d'application de cavalerie de Saumur

Elle reçoit les élèves diplômés des cours vétérinaires et les élèves de Saint-Cyr sortis dans la cavalerie. Durée des études : un an. Elle reçoit également des sous-officiers admis à la suite d'un concours pour lequel ils doivent avoir deux ans de grade. Concours tous les ans. Durée des études, 18 mois. Les élèves sortent sous-lieutenants.

Ecole d'administration militaire à Vincennes

Forme des officiers d'administration des services de l'intendance, subsistances, habillement, campement militaire, etc. Admission par voie de concours accessible aux sous-officiers rengagés de toutes armes, âgés de moins de 27 ans, célibataires ou veufs sans enfant. Durée des études : 10 mois. Le concours d'entrée porte sur le français, l'arithmétique, l'histoire, la géographie et l'administration militaire. Les élèves sortent avec le grade d'adjudant d'administration.

Ecoles de santé militaire à Lyon et au Val-de-Grâce, à Paris

Prépare à la médecine militaire. Externat : 1.000 fr. par an. Les élèves suivent les cours à la faculté de médecine de Lyon, l'admission a lieu par voie de concours, accessible aux candidats âgés de moins de 22 ans, justifiant de quatre inscriptions dans une école de médecine. Les élèves sortent docteurs en médecine ; ils sont ensuite envoyés pour un an à l'école de médecine et pharmacie militaires du Val-de-Grâce, à Paris, qui reçoit également, après concours, les pharmaciens de première classe âgés d'au moins 26 ans.

Ecole supérieure de Guerre

A pour but de donner aux officiers une instruction militaire très développée, les élèves sont admis à la suite d'un concours auquel prennent part les capitaines et lieutenants comptant 5 ans comme officiers. Nul ne peut prendre part au concours plus de trois fois. Les études durent deux ans. Les élèves conservent pendant leur séjour leurs droits à l'avancement, à l'ancienneté et au choix.

Traitements dans l'armée

Elève ingénieur des poudres et salpêtres . 2.400 fr.

Aide-vétérinaire stagiaire, interprète auxiliaire de deuxième classe . . . . 1.800 fr.

Sous-lieutenant élève ou pharmacien stagiaire . . . . 2.340 fr.

Sous-lieutenant, médecin ou pharmacien aide-major de 2e classe, aide-vétérinaire, officier d'administration adjoint de 2e classe, officier d'administration, greffier de 4e classe, officier d'administration aide-comptable de 2e classe, garde d'artillerie de 3e classe, adjoint du génie de 2e classe, contrôleur d'armes de 3e cl., archiviste de 3e classe, interprète auxiliaire de 1re classe, chef de musique de 4e classe . . . . 2.340 fr.

Sous-ingénieur de 2e classe des poudres et salpêtres . . . . 3.500 fr.

Sous-ingénieur de 1re classe des poudres et salpêtres . . . . 4.500 fr.

Lieutenant en premier, première moitié de la liste des médecins ou pharmaciens, aide-major de 1re classe, vétérinaire en 2e, garde d'artillerie de 2e classe, adjoint du génie de 2e classe, contrôleur d'armes de 2e classe, archiviste de 2e classe, officier d'administration, aide-comptable de 1re classe, interprète de 3e classe, chef de musique de 2e classe, officier d'administration adjoint de 1re classe, officier d'administration greffier de 3e classe, chef de musique de 3e classe . . . . . . 2.700 fr.

Capitaine-adjoint à l'intendance, médecin ou pharmacien-major de 2e classe, vétérinaire en 1er, officiers d'administration : greffier et comptable de 2e classe, garde d'artillerie de 1re classe, adjoint du génie de 1re classe, contrôleur d'armes de 1re classe, archiviste de 1re classe ; interprète de 2e classe, chef de musique de 2e classe, lors de la nomination . . . . 3.068 fr.

Ingénieur de 2e cl. des poudres et salpêtres. . . . . 6.000 fr.

Capitaine adjoint à l'intendance, médecin ou pharmacien-major de 2e classe, vétérinaire en 1er, officier d'administration de 1re classe, greffier et comptable, garde d'artillerie principal de 2e classe, adjoint principal du génie de 2e classe, contrôleur d'armes principal de 2e classe, archiviste principal de 2e classe, interprète de 1re classe, après 12 ans de grade (ou de classe) et chef de musique de 1re classe, après 7 ans . . . 4.140 fr.

Ingénieur de 1re classe des poudres et salpêtres . . . . 7.500 fr.

Contrôleur adjoint . . . . 5.688 fr

Chef de bataillon, d'escadron ou major, sous-intendant de 3e classe, médecin ou pharmacien de 1re classe, vétérinaire principal de 2e classe, officier d'administration principal et greffier, garde d'artillerie principal de 1re classe, adjoint du génie principal de 1re classe, contrôleur d'armes principal de 1re cl., archiviste principal de 1re classe, interprète principal . . . . 5.508 fr.

Ingénieur en chef de 2e classe des poudres et salpêtres . . . . 9.000 fr.

Contrôleur de 2e classe . . . . . . 6.804 fr.

Lieutenant-colonel, sous-intendant de 2e classe, médecin ou pharmacien principal de 3e classe, vétérinaire principal de 1re classe . . . . 6.588 fr.

Ingénieur en chef de 1re classe des poudres et salpêtres . . . . 11.000 fr.

Contrôleur de 1re classe . . . . . . 8.352 fr.

Colonel, sous-intendant militaire de 1re classe, médecin ou pharmacien principal de 1re classe . . . . 8.136 fr.

Inspecteur général des poudres et salpêtres de 2e classe . . . . 13.000 fr.

Contrôleur général de 2e classe . . . 12.024 fr.

Général de brigade, intendant militaire, médecin ou pharmacien inspecteur . . 12.600 fr.

Inspecteur général des poudres et salpêtres de 1re classe . . . . 15.000 fr.

Contrôleur général de 1re classe . . 18.252 fr.

Général de division, intendant général, médecin inspecteur général . . . . . 18.900 fr.

4° CARRIERES DE LA MARINE

Les cadres de la marine comprennent les catégories suivantes :

1° Officiers de marine proprement dits ;

2° Officiers mécaniciens ;

3° Ingénieurs hydrographes ou du génie maritime ;

4° Agents du commissariat ;

5° Officiers du corps de santé de la marine ;

6° Personnel mixte.

RECRUTEMENT

Officiers de la marine

L'accès de la carrière d'officier de marine est possible :

1° Aux élèves de l'Ecole navale.

Admission à l'Ecole navale

Les candidats à l'Ecole navale doivent être âgés de 14 à 18 ans. L'admission a lieu au moyen d'un concours pour lequel le bacalauréat n'est pas exigé ;

cependant les candidats qui en possèdent la première partie bénéficient d'une majoration de 40 points.

Les épreuves du concours comportent :

1° Composition française ;
2° Arithmétique ;
3° Géométrie ;
4° Algèbre ;
5° Trigonométrie ;
6° Histoire et géographie ;
7° Langue anglaise ;
8° Latin ;
9° Dessin.

Les élèves sortent de cette école avec le titre d'aspirant de marine de 2e classe.

2° Aux premiers maîtres de la marine ayant au moins deux années d'embarquement, après un cours préparatoire au grade d'enseigne de vaisseau, à la suite duquel ils subissent un examen qui leur confère le grade d'enseigne de vaisseau.

Officiers mécaniciens

Les officiers mécaniciens de la marine sont recrutés parmi les élèves des écoles de mécaniciens de Toulon, de Brest et de Lorient.

Admission à ces écoles

Le concours pour l'admission à ces écoles a lieu chaque année, le 10 septembre, dans les villes suivantes: Dunkerque, Cherbourg, Le Havre, Saint-Servan, Brest, Lorient, Nantes, Rochefort, Bordeaux Toulon, Marseille, Toulouse, Lyon, Nancy et Paris.

Sont admis à concourir, les jeunes gens français, âgés de 18 ans au moins et de 24 ans au plus au premier octobre de l'année du concours ayant au moins 1 m. 52 de taille et possédant l'aptitude physique exigée pour le service de la flotte ainsi qu'une acuité visuelle égale à 3/5 pour l'un des deux yeux et 2/5 pour l'autre.

Le programme des connaissances exigées porte sur l'arithmétique, l'algèbre, la trigonométrie, la géométrie, la géométrie descriptive, la mécanique, la physique (moins l'électricité) et la chimie, d'après le programme de la classe de mathématiques des lycées et collèges. Il comporte en outre des notions sur les machines à vapeur, l'électricité, la géographie, la langue anglaise, le dessin et une épreuve manuelle d'atelier.

Il y a deux séries d'épreuves: la première série comprend des compositions écrites et un dessin d'un organe de machine; la deuxième série comprend les examens oraux, un croquis coté et une épreuve de travail manuel.

Les épreuves sont cotées de 0 à 20. Chaque épreuve est affectée d'un coefficient.

Epreuves écrites

	Coefficients
Dessin	7
Composition française	4
Arithmétique, algèbre (trigonométrie, problèmes ou questions de cours)	6
Géométrie (problèmes ou questions de cours) .	5
Physique (questions de cours)	4

Epreuves orales

	Coefficients
Arithmétique	6
Algèbre	6
Trigonométrie	4
Géométrie	6
Géométrie descriptive	6
Mécanique	6
Physique	5
Chimie	3
Machines à vapeur (notions)	6
Electricité	6
Géographie	2
Anglais	2
Croquis	4
Epreuve manuelle d'atelier	12

Par mesure transitoire, l'anglais ne sera pas obligatoire avant l'année 1911. Jusqu'à cette date, le total des coefficients sera de 98 au lieu de 100.

L'épreuve d'atelier est choisie dans le programme des épreuves imposées aux matelots mécaniciens.

Tout candidat qui obtient une note inférieure à 13 pour le dessin et à 8 pour l'une des épreuves écrites n'est pas déclaré admissible. Tout candidat ayant obtenu une note inférieure à 15 pour l'essai manuel et à 13 pour le croquis est éliminé.

Une majoration de 40 points est accordée aux candidats qui justifient de la possession du certificat d'aptitude à la première partie du baccalauréat de l'enseignement secondaire. L'admissibilité à l'une des écoles suivantes : Saint-Cyr, Polytechnique, Navale, Centrale, le titre d'ingénieur diplômé des écoles d'Arts et Métiers ou la productio d'un des baccalauréats de l'enseignement secondair donnent droit à un avantage de 80 points.

Les candidats qui font preuve de connaissance en anglais, allemand, espagnol, italien ou russ obtiennent des points supplémentaires.

Enfin, au classement définitif, il est attribué points supplémentaires aux candidats qui exercen la profession de chaudronnier ou forgeron.

Génie maritime. — Ingénieurs hydrographes

Le corps des ingénieurs hydrographes et du gé nie maritime se recrute :

1° Par l'Ecole d'application du génie maritime à Paris. Cette école est ouverte principalement au anciens élèves de l'Ecole Polytechnique qui son admis sans examen avec le grade d'élèves ingé nieurs, qui correspond à celui d'enseigne de vais seau. Le régime de l'Ecole est l'externat et le études durent deux ans ;

2° Par l'Ecole d'hydrographie de Paris à laquell sont admis les élèves de l'Ecole Polytechnique ave le grade d'élèves ingénieurs.

Comme dans la précédente, le régime de l'Ecol est l'externat et les études durent deux ans.

Commissariat de la marine

Le corps des commissaires de la marine se re- crute :

1° Parmi les lieutenants et enseignes de vaisseau désireux de passer avec leur grade dans le dit corps ;

2° Parmi les élèves sortant de l'Ecole Polytechnique reconnus admissibles dans les services publics ;

3° Parmi les licenciés en droit nommés, après concours, à l'emploi d'élève commissaire et admis à suivre les cours de l'Ecole d'Administration de la Marine, à Brest ;

4° Parmi les agents de 2e classe, commis principaux et commis de toutes classes du personnel administratif chargé de la gestion et de l'exécution dans les services de la Marine, comptant au moins cinq ans de services, à partir de leur nomination à l'emploi de commis de 4e classe, âgés de 27 ans au moins et de 35 ans au plus au premier janvier qui précède l'ouverture des épreuves ;

5° Parmi les premiers maîtres et les seconds maîtres des équipages de la Flotte réunissant dans ce dernier grade deux années d'embarquement, âgés de 27 ans au moins et de 35 ans au plus au premier janvier qui précède l'ouverture des épreuves.

Corps de santé de la marine et des colonies

Le personnel du service de santé de la marine se recrute parmi les docteurs en médecine et les pharmaciens de première classe provenant de l'Ecole du service de santé de la marine, à Bordeaux, et, à défaut de candidats de cette catégorie, parmi les docteurs en médecine ou pharmaciens civils.

Le grade de début est celui de médecin ou de pharmacien de troisième classe.

Hiérarchie et traitements de la marine

	A LA MER	A TERRE
Aspirant de 2e classe . . .	936 fr.	936 fr.
Elève commissaire	1.728 fr.	1.728 fr.
Ingénieur G.M. et G.H. 3e cl.		2.160 fr.
Aspirant 1re cl., commissaire 3e cl., médecin et pharmacien 3e classe.		1.728 fr,
Ingénieur G.M. et G.H. 2e cl.	3.960 fr.	3.600 fr.
Mécanicien principal 2e cl.	3.960 fr.	3.600 fr.
Enseigne de vaisseau. Médecin et pharmacien	2.880 fr.	2.664 fr.
Ingénieur G. M. et G. H. 1re classe avant 5 ans de grade .	4.680 fr.	4.320 fr.
Ingénieur G. M. et G. H. 1re classe à 5 ans de grade . . .	5.048 fr.	4.680 fr.
Ingénieur G. M. et G. H. 1re classe à 8 ans de grade . . .	5.400 fr.	5.040 fr.
Ingénieur G. M. et G. H. 1re classe à 12 ans de grade. . .	5.940 fr.	5.580 fr.
Lieutenant de vaisseau, commissaire 1re classe, médecin et		

	A LA MER	A TERRE
pharmacien 1re cl. à 12 ans de grade	4.860 fr.	4.500 fr.
Lieutenant de vaisseau, commissaire 1re classe, médecin et pharmacien 1re classe à 8 ans de grade	4.320 fr.	3.960 fr.
Lieutenant de vaisseau, commissaire 1re cl., et médecin et pharmacien 1re cl. à 5 ans de grade.	3.960 fr.	3.600 fr.
Lieutenant de vaisseau, commissaire 1re classe, médecin et pharmacien 1re cl. avant 5 ans de grade	3.600 fr.	3.240 fr.
Contrôleur adjoint		6.192 fr.
Commissaire principal, médecin et pharmacien principaux	6.480 fr.	6.012 fr.
Mécanicien en chef, ingénieur principal G. M. et G.H. . . .	7.020 fr.	6.300 fr.
Capitaine de frégate, commissaire en chef de 2e cl., contrôleur de 2e cl., mécanicien inspecteur de 2e cl., ingénieur en chef G. M. et G. H. 2e cl., médecin et pharmacien en chef 2e classe	7.920 fr.	7.200 fr.
Capitaine de vaisseau, mécanicien inspecteur, commissaire en chef 1re cl., contrôleur de 1re cl., ingénieur en chef G. M. et G. H. 1re cl., médecin et pharmacien en chef 1re cl.	9.360 fr.	8.712 fr.
Contre-amiral mécanicien gé-		

	A LA MER	A TERRE
néral 2e cl., contrôleur général 2e cl., commissaire général 2e cl., directeur du génie maritime et d'hydrographie, directeur du service de santé 2e classe	13.680 fr.	12.600 fr.
Inspecteur général du génie maritime		14.760 fr.
Vice-amiral contrôleur général 1re cl., commissaire général 1re cl., médecin inspecteur général 1re cl., mécanicien général 1re classe	20.520 fr.	18.900 fr.

5° LES CARRIERES COLONIALES

Inspection générale des colonies

Recrutement

Le recrutement des inspecteurs des colonies a lieu :

1° Au choix, parmi les inspecteurs adjoints de la marine et les inspecteurs des Finances ;

2° Au concours, parmi les candidats âgés de 2[illegible] à 32 ans provenant :

a) Des auditeurs du Conseil d'Etat ou à la Cour des comptes, et des fonctionnaires civils des colonies ayant un traitement minimum de 3.500 fr et licenciés en droit ou ayant 4 ans de service aux colonies.

b) Des officiers des troupes coloniales du grade de capitaine ou assimilés.

c) Des docteurs en droit, des licenciés ès-lettres ou ès-sciences ou anciens élèves de Polytechnique.

Concours d'adjoint à l'inspection des colonies

Epreuves écrites

Les épreuves écrites comportent les coefficients suivants: 10 pour la forme et 8 pour le fond. Elles comportent les compositions suivantes:

Deux mémoires sur des questions concernant: l'économie politique, les principes généraux de colonisation. Droit public et privé (constitutionnel, administratif, notions sur les codes civil, pénal et commercial), législation financière (finances publiques, budget de l'Etat, comptabilité publique), organisation générale des colonies, organes métropolitains, organisation politique, administrative, économique et militaire, notions générales sur l'organisation des colonies étrangères: Angleterre, Allemagne, Hollande et Portugal. Administration coloniale (régime financier, règlementation générale de l'administration, règles spéciales aux corps et services militaires).

Epreuves orales

Droit public et privé ;

Economie politique ;

Législation financière ;

Organisation générale des colonies ;

Administration des colonies.

Langues vivantes, connaissance complète d'une des langues : anglaise, allemande ou espagnole.

Les traitements des inspecteurs des colonies sont fixés ainsi qu'il suit :

Adjoints à l'inspection. .		5.000 fr.
Inspecteurs (3 cl.)	7.000 fr.	9.000 fr. et 11.000 fr.
Supplément de résidence à Paris	1.000 fr.	1.200 fr. et 1.500 fr.
Inspect. général (2 classes)		14.000 fr. et 16.000 fr.
Supplément de résidence à Paris		1.800 fr. et 2.000 fr.

1.000 francs de supplément de fonctions à l'inspecteur général chef de service à Paris ; 500 francs à l'inspecteur adjoint.

Aux colonies : droit à l'ameublement et au logement et indemnité de mission temporaire, par jour : inspecteurs généraux, 60 francs ; inspecteurs, 30, 35, 45 francs ; adjoints, 30 francs.

Administrateurs coloniaux

RECRUTEMENT

Elèves administrateurs

Les élèves administrateurs sont recrutés :

1° Sans concours, parmi les élèves brevetés de l'Ecole coloniale ;

2° Au concours parmi les candidats âgés de 30 ans au plus, pourvus, soit du diplôme de licencié ou de docteur en médecine, soit d'un diplôme des écoles des Chartes, des Langues orientales vivantes, des Hautes études, commerciales ou supérieures de Commerce reconnues, de l'Institut agronomique ou des Sciences politiques, soit d'un certificat de sortie de l'Ecole des Ponts et Chaussées, de Centrale, de Saint-Cyr, Navale, Coloniale et parmi les candidats pouvant justifier de 5 années de services comme titulaires d'un emploi de commis dans les secrétariats généraux des Colonies.

Administrateurs adjoints

La troisième classe des administrateurs adjoints est recrutée :

1° Par moitié parmi les élèves administrateurs comptant au minimum un an de stage ;

2° L'autre moitié est recrutée parmi :

a) Les adjoints de première classe des affaires indigènes ou des affaires civiles de Madagascar comptant au moins deux ans de services aux colonies et âgés de 35 ans au plus.

b) Les sous-officiers de terre et de mer du grade de lieutenant ou assimilés, comptant au moins quatre années de services comme sous-officiers, dont deux ans aux colonies.

c) Les sous-chefs de bureau de 2e classe des secrétariats généraux.

La deuxième classe est recrutée :

1° Les trois-quarts parmi les adjoints de troisième classe ;

2° Le dernier quart parmi :

a) Les sous-chefs de bureau de 1re classe des secrétariats généraux.

b) Les officiers du grade de capitaine ou assimilés comptant trois ans au moins de grade.

c) Les officiers, lieutenants ou assimilés comptant six ans de grade, trois ans de séjour colonial et âgés d'au moins 32 ans.

La première classe est recrutée :

1° Les trois quarts parmi les adjoints de 2e classe ;

2° Le dernier quart parmi les chefs de bureau de 2e classe des secrétariats généraux et parmi les officiers, capitaines et assimilés, comme pour la deuxième classe.

Administrateurs

La troisième classe des Administrateurs est recrutée :

1° Pour les trois quarts, parmi les adjoints de première classe ayant au moins trois ans de services effectifs aux colonies ;

2° Le dernier quart parmi :

a) Les chefs de bureau de 1re classe des secrétariats généraux.

b) Les officiers, capitaines ou assimilés ayant six ans de grade, quatre ans de colonies et au moins 40 ans.

La deuxième et la première classe sont recrutées :

1° Pour les trois quarts, parmi les administrations de 2e et de 3e.

2° Le dernier quart des vacances de 2e classe peut être attribué :

a) Aux chefs de bureau hors classe des secrétariats généraux.

b) Aux officiers capitaines ou assimilés, de neuf ans de grade, ayant séjourné au moins quatre années aux colonies et âgés de moins de 40 ans ;

2° bis. Le dernier quart des vacances de première classe peut-être attribué aux officiers supérieurs des armées de terre et de mer en activité de service, d'un séjour minimum de six ans aux colonies et âgés de moins de 45 ans.

La totalité des emplois d'Administrateurs en chef de deuxième classe est réservée aux administrateurs de première classe.

Les emplois d'administrateurs en chef de première classe sont attribués en totalité aux administrateurs en chef de deuxième classe et aux secrétaires généraux ayant au moins six années de services effectifs aux colonies, dans le corps des administrateurs ou dans les secrétariats généraux, dont dix-huit mois au moins en qualité d'administrateurs en chef de deuxième classe ou de secrétaires généraux.

Candidats exceptionnels

Nous venons d'énumerer les règles générales qui président au recrutement et à l'avancement dans le corps des administrateurs coloniaux ; nous devons ajouter qu'en dehors de ces conditions normales, des postes peuvent être attribués :

1° A des fonctionnaires de l'Administration centrale du Ministère des Colonies ;

2° A des citoyens français ayant rendu des services éclatants à la colonisation dans les pays d'outre mer, soit dans les pays de protectorat, soit dans les zones d'influence française.

Le nombre de ces nominations ne peut dépasser deux par an.

Les administrateurs coloniaux reçoivent les traitements suivants :

Elèves administrateurs	4.000 à 5.000 fr.
Administrateurs adjoints (3 cl.)	5.000 à 9.000 fr.
Administrateurs (3 classes) . .	9.500 à 14.000 fr.
Administrateurs en chef (2 cl.)	15.000 à 17.000 fr.

6° LES FINANCES

Inspection générale des finances

Le service de l'inspection générale des finances est spécialement chargé de la vérification des agents de tous ordres dépendant du ministère des finances. L'inspection des finances contrôle également, au point de vue de la comptabilité, les services des postes et télégraphes, des forêts, des établissements hospitaliers, des facultés d'enseignement supérieur, des caisses d'épargnes, des haras, etc., bien que ces services relèvent d'autres ministères.

Pour remplir leur mission, les inspecteurs des finances parcourent la France dans des tournées annuelles qui durent six mois et demi, du premier mai au 15 novembre, sans compter les missions spéciales, survenant en dehors de cette période normale. Les départements sont répartis en dix circonscriptions, dont chacune est inspectée, trois ans de suite, par le même inspecteur général, assisté d'un certain nombre d'inspecteurs. Dans cet intervalle de trois ans, les divers services financiers sont tour à tour passés en revue.

Chaque inspecteur consigne, dans un rapport, les résultats de son inspection. L'agent vérifié peut répondre aux critiques dont il est l'objet. L'inspecteur général annote les observations de ses collaborateurs, après la réponse de l'agent vérifié et de celle du chef de service, s'il y a lieu. Il transmet le tout au ministre, avec une lettre d'envoi, dans laquelle il expose, non seulement les principaux faits locaux, mais les idées générales de réforme et de perfectionnement qui s'en dégagent.

L'inspection des finances exerce, en outre, un contrôle spécial sur les actes de la gestion financière des chemins de fer. Elle prépare les règlements des comptes des compagnies et donne son avis sur les questions soulevées par l'application des conventions qui règlent les relations financières de l'Etat et des compagnies.

Le personnel de l'inspection générale des finances se recrute par la voie du concours ; il comprend 14 inspecteurs généraux, 70 inspecteurs et 26 adjoints à l'inspection générale. La direction du service est confiée à un inspecteur général des finances. Du service de l'inspection générale dépend le bureau de statistique et de la législation comparée. Ainsi que son nom l'indique, ce bureau est chargé des études de législation comparée et d'études financières étrangères, ainsi que de la publication du bulletin de statistique du ministère des Finances.

Les adjoints à l'inspection générale des finances sont recrutés au concours parmi les licenciés en en droit, ès-sciences ou ès-lettres et les anciens élèves de l'Ecole Polytechnique ayant satisfait aux examens de sortie.

Les candidats doivent avoir satisfait aux obligations du service militaire et être âgés de vingt-deux ans au moins et de trente ans au plus.

Les inspecteurs de quatrième classe sont recrutés parmi les adjoints qui, après deux tournées au moins, ont subi avec succès un examen de capacité dont les conditions sont déterminées par un arrêté ministériel.

Les adjoints qui, à la suite de cet examen, n'auraient pas été déclarés aptes aux fonctions d'inspecteurs et qui appartenaient précédemment aux administrations du ministère des finances, seront replacés dans ces administrations au rang qu'ils auraient occupé, s'ils n'avaient pas cessé d'en faire partie.

L'avancement des inspecteurs des finances a lieu par grade et par classe dans chaque grade.

Sont admis directement à l'examen prévu pour l'emploi d'inspecteur de quatrième classe, dans une proportion qui ne peut excéder un quart des vacances, et conformément aux conditions fixées par un arrêté ministériel :

1° Les employés de l'administration centrale, des administrations financières, des postes et télégraphes et de la caisse des dépôts et consignations comptant au moins sept ans de services ;

2° Les auditeurs de deuxième classe au conseil d'Etat ou à la Cour des Comptes ayant au moins trois ans de services en cette qualité.

Les inspecteurs généraux sont nommés par décret du Président de la République, sur la proposition du Ministre des Finances.

Les inspecteurs de première, de deuxième, de troisième, de quatrième classe et les adjoints à l'inspection sont nommés par le Ministre des Finances, sur la proposition du chef de service de l'inspection générale et le rapport du directeur du personnel.

Le corps de l'inspection générale des Finances se compose de :

	TRAITEMENT
14 Inspecteurs généraux	15.000 fr.
16 Inspecteurs de 1re classe . . .	9.000 fr.
16 Inspecteurs de 2e classe . . .	6.000 fr.
18 Inspecteurs de 3e classe . . .	4.000 fr.
26 Inspecteurs de 4e classe . . .	3.000 fr.
26 Adjoints à l'inspection . . .	1.900 fr.

7° CARRIERES DE LA MAGISTRATURE

Il y a deux catégories de magistrats :

1° Les magistrats de l'ordre administratif : préfets, commissaires de police, maires, etc. ;

2° Les magistrats de l'ordre judiciaire, et cette dernière catégorie se subdivise elle-même en deux grandes divisions : d'abord ceux qui rendent les jugements et en assurent l'exécution, comme les juges et les conseillers, ensuite ceux qui collaborent avec les premiers, non par leur vote, mais par des réquisitions et par des conclusions : ce sont les procureurs de la République, les substituts et les avocats généraux qui sont désignés ordinairement sous la domination de membres du parquet et d'officiers du ministère public.

Le recrutement de ces magistrats a lieu dans les conditions prescrites par la loi du 20 avril 1910, c'est-à-dire au moyen d'un concours qui a lieu dans les conditions suivantes :

Seront seuls admis à prendre part à l'examen :

1° Les docteurs ou licenciés en droit qui justifient que, pendant un an, ils ont accompli un stage au Ministère de la Justice, au Parquet, soit de la Cour de cassation, soit d'une Cour d'appel, soit du Tribunal de première instance ;

2° Les docteurs ou licenciés en droit qui justifient, par des certificats d'inscription régulière, contrôlés et visés par les Chefs de Cour et de Tribunal, d'un stage effectif de deux ans dans une étude d'avoué ;

3° Toute personne ayant obtenu un prix d'une faculté de droit de l'Etat ;

4° Les secrétaires de la Conférence des Avocats près la Cour d'appel de Paris.

1° Inscription

Pièces à fournir

Les candidats devront se faire inscrire au parquet du Procureur de la République de l'arrondissement où ils résident.

Ils devront déposer, outre leur demande d'inscription, les pièces de nature à justifier qu'ils remplissent les conditions sus-énoncées.

En conséquence, ils auront à produire :

1° Une expédition de leur acte de naissance ;

2° Un certificat de stage de deux ans comme avocat ;

3° Soit d'un certificat de stage d'une année au Ministère de la Justice ou au Parquet de la Cour de cassation, ou au Parquet d'une Cour d'appel, ou au Parquet de la Seine, ou à un Parquet de première classe, soit un certificat d'inscription régulière constatant un stage effectif de deux ans dans une étude d'avoué, soit l'attestation de l'obtention d'un prix dans une faculté de droit de l'Etat, soit la justification de la qualité de secrétaire de la Conférence des avocats à la Cour de Paris.

Les candidats admis à concourir seront convoqués par lettre recommandée portant l'indication des lieux et jours où siégera le jury.

2° Programme de l'examen

Epreuve écrite

Le sujet de l'épreuve écrite consiste en une composition portant sur des questions de pratique judiciaire prises : soit dans le Code civil ou le Code de procédure civile ;

Soit dans le Code pénal ou le Code d'instruction criminelle ;

Soit dans le Code de commerce.

Le temps accordé pour la composition sera de trois heures.

Epreuve orale (Exposé et interrogations)

Les interrogations comprendront :

1° Une question sur le Code civil, ou sur le Code

de procédure civile, ou sur le Code de commerce (mêmes matières qu'à l'épreuve écrite).

2° Une question sur le Code pénal ou sur le Code d'instruction criminelle (mêmes matières qu'à l'épreuve écrite) ;

3° Une question sur l'une des matières suivantes :

Principe de la séparation des pouvoirs.

Organisation du pouvoir judiciaire en France : composition et compétence des diverses juridictions, conflits.

Application de la loi du 8 décembre 1897, sur l'instruction préparatoire.

Assistance judiciaire.

Exécution des peines et contraintes par corps.

Loi du 24 juillet 1889 sur la protection des enfants maltraités ou moralement abandonnés.

Loi du 2 juillet 1907 relative à la protection et à la tutelle des enfants naturels.

Régime des aliénés.

Lois sur les accidents du travail.

Lois sur les syndicats professionnels et sur le contrat d'association.

Loi du 24 juillet 1881 sur la liberté de la presse.

Contrôle et surveillance des officiers publics et ministériels.

3° Admission et début

Les candidats admis seront aptes à être nommés attachés titulaires au Ministère de la Justice ou

Juges suppléants des Tribunaux de première instance.

En outre, cinq d'entre eux parmi ceux qui se seront particulièrement distingués pourront, sur la proposition de la commission d'examen, être nommés directement par le garde des sceaux aux fonctions de substitut (début : 2.800 francs) ou de juge (début : 3.000 francs).

Les candidats recrutés au moyen de ce concours pourvoient au 3/4 des vacances. Le dernier quart peut être attribué au choix, à la condition toutefois que les candidats soient licenciés en droit et aient fait un stage de deux ans dans le barreau, et qu'ils aient au moins 25 ans.

Peuvent être nommés au choix dans ces conditions :

Les membres du Conseil d'Etat ; les Professeurs et agrégés des Facultés de droit de l'Etat ; les magistrats des cours et tribunaux des colonies et des tribunaux d'Egypte, après cinq ans de fonctions, s'ils n'étaient déjà magistrats en France auparavant ; les membres du Conseil de préfecture de la Seine, après trois ans de fonctions ; les conseillers de préfecture des autres départements, après dix ans de fonctions ; les fonctionnaires de l'A. C. du ministère de la Justice, à partir du grade de rédacteur, après quatre ans de fonctions, lorsqu'ils ne sont pas anciens magistrats ; les avocats ayant dix ans de profession, justifiés par une attestation des chefs de la Cour et du Tribunal ; les avocats au Conseil d'Etat et à la Cour de Cassation, le greffier en chef de la Cour de Cassation, les greffiers des Cours d'Appel et des Tribunaux ; les avoués après dix ans et les juges de paix après deux ans de fonctions ; le secrétaire de la première présidence de la Cour d'Appel de Paris ; le secrétaire du parquet du procureur général près la même Cour ; le secrétaire du parquet du procureur de la République près le Tribunal de la Seine, après dix ans de fonctions, lorsqu'ils ne sont pas d'anciens magistrats.

Traitements des magistrats

Cours de cassation
Cours d'appel

DÉSIGNATION	Cours de Cassation	Cours d'Appel	
		Paris	Autres Cours
	Fr.	Fr.	Fr.
Premiers présidents.....	30.000	25.000	18.000
Présidents de chambre..	25.000	13.700	10.000
Conseillers	18.000	11.000	7.000
Procureurs généraux....	30.000	25.000	18.000
Avocats généraux	18.000	13.200	8.000
Substituts	»	11.000	6.000

Tribunaux de 1re instance (France)

DÉSIGNATION	Paris	1re classe	2e classe	3e classe
	Fr.	Fr.	Fr.	Fr.
Présidents	20.000	10.000	7.000	5.000
Vice-présidents	10.000	7.000	5.500	4.000
Présidents de section........	»	»	»	»
Juges d'instruction..........	10.000	6.500	5.000	3.500
Juges.........................	8.000	6.000	4.000	3.000
Procureurs de la République.	20.000	10.000	7.000	5.000
Substituts...................	8.000	5.000	3.500	2.800

Juges de paix

La carrière de juge de paix n'est pas une de celles que le jeune homme peut briguer : elle est surtout ouverte aux hommes d'un certain âge qui l'envisagent comme une retraite honorable et comme le complément d'une position déjà acquise.

Il y a quelques années encore, tout homme de bien, pour peu qu'il eût d'entente et d'usage dans les affaires, pouvait devenir juge de paix ; mais l'expérience a fait sentir la nécessité de restreindre ce choix dans certaines limites, de sorte que, si, en principe, la loi ne prescrit aucune justification d'aptitude spéciale, il y a néanmoins des règles pratiques de recrutement qui président presque exclusivement à la nomination de ces magistrats.

Ces règles sont les suivantes :

Les juges de paix sont recrutés au choix. Les candidats doivent être âgés de 27 ans au moins et réunir en outre une des conditions suivantes :

1° Licence en droit et stage de deux ans comme avocats, ou dans une étude de notaire, d'avoué, ou dans des fonctions publiques ;

2° Baccalauréat en droit ou brevet de capacité juridique et stage de trois ans au moins dans des fonctions publiques ;

3° Brevet de capacité juridique et cinq ans comme notaire, avoué, greffier d'appel des tribunaux de première instance, de commerce ou de paix, ou comme fonctionnaire de l'enregistrement d'ordre égal à celui de receveur ;

4° Brevet de capacité juridique et dix ans comme

conseiller prud'homme, dont trois ans de présidence ou vice-présidence ;

5° Sans diplôme, mais dix ans comme maire, adjoint ou conseiller général, juge de commerce, greffier de justice de paix, conseiller de préfecture, notaire, greffier, receveur d'enregistrement, huissier, commis greffier, clerc d'avoué ou de notaire.

Les juges de paix constituent quatre classes diverses, avec des traitements de 2.500, 3.000, 3.500 et 5.000 francs.

Les juges de paix de Paris ont un traitement de 8.000 francs, plus une indemnité de secrétaire de 1.500 francs.

8° CARRIERES DES TRAVAUX PUBLICS

Ingénieurs des ponts-et-chaussées

Le corps national des Ponts et Chaussées est chargé de la direction et de l'exécution de tous les grands travaux entrepris aux frais de l'Etat, concernant les routes, les ponts de diverses natures, la navigation intérieure (canaux, amélioration des cours d'eau) ; la navigation extérieure (ports maritimes, phares etc.), les chemins de fer, les dessèchements, les irrigations. Il intervient habituellement, à titre au moins consultatif, dans la préparation et dans l'exécution des projets relatifs aux distributions d'eau. Les services d'édilité de la plupart des grandes villes lui sont confiés. Ses attributions donc, sont beaucoup plus étendues que ne le comporte le titre officiel par lequel il est désigné.

On peut devenir ingénieur des ponts et chaussées de deux manières :

1° En passant par l'Ecole Polytechnique : c'est la voie la plus sûre, la plus ordinaire, c'est celle qui doit être préférée ;

2° En se préparant, par une longue pratique dans l'emploi de conducteur des ponts et chaussées et par des études théoriques difficiles, à subir des examens qui ouvrent désormais une carrière nouvelle dans le corps des ingénieurs.

Les fonctions de l'ingénieur des ponts et chaussées sont assez variées et s'exercent sur un assez grand nombre d'objets pour convenir à des hommes très différents d'esprit et de caractère.

Sur les grands chantiers que nécessite l'ouverture des routes, des chemins de fer et des canaux, l'ingénieur ne trouve pas seulement à appliquer ses connaissances de géométrie, de calcul et de mécanique ; il faut encore qu'il possède à un haut degré le talent d'organiser et d'administrer convenablement le personnel nombreux dont il dispose, les ateliers qu'il dirige.

Certaines applications exigent une aptitude spéciale pour la construction des machines ; tel est le cas où il s'agit d'établir et d'entretenir le matériel d'un chemin de fer.

Dans les fonctions plus modestes que comporte un service ordinaire d'arrondissement, on peut encore trouver matière à une foule d'observations ou de recherches intéressantes sur l'entretien des routes, sur l'économie des cours d'eau et des usines, sur le contentieux administratif, etc.

Mais c'est surtout dans le service des cinq grands ports militaires (Cherbourg, Brest, Lorient, Rochefort et Toulon), que l'ingénieur des ponts et chaussées a l'occasion d'exercer ses connaissances sur un grand nombre de sujets différents. Chargé de la construction de tout ce qui ne flotte pas sur l'eau; tantôt il élève les vastes édifices, tantôt il creuse les bassins où les vaisseaux doivent être radoubés. Le service des ports maritimes de commerce et le service des phares offrent aussi beaucoup d'intérêt. Sur toute l'étendue des côtes, les ingénieurs établissent les phares et les signaux de différentes natures qui signalent les atterrissages au navigateur ; c'est à eux qu'est confié le soin de construire les jetées, les môles et les brise lames; ouvrages souvent gigantesques, pour lesquels il faut lutter contre des difficultés sans cesse renaissantes.

Traitements

Inspecteur général . . .		14.500 fr. et 17.500 fr.
Ingén. chef (2 cl.).	10.000 fr.	11.000 fr. et 12.000 fr.
Ingénieur ordinaire (3 cl.)	5.000 fr.	6.000 fr. et 7.000 fr.
Elève ingénieur.		1.800 fr.
Ingénieur auxiliaire . . .		5.000 fr.

Ingénieurs des mines

Le service des ingénieurs des mines est extrêmement varié; en résidence au milieu des centres principaux de l'industrie minière, métallurgique et manufacturière, ils exercent, au nom de l'Etat, une surveillance sur les mines exploitées par des particuliers ou au nom de sociétés privées; quelques mines, appartenant à des communes, sont confiées à leur direction. Ils tiennent la main à ce que les travaux d'exploitation soient conduits de manière à ne pas compromettre la sûreté des ouvriers et à ce que les règlements soient observés; ils dressent les états des redevances dues à l'Etat par les mines; ils instruisent les demandes de concession de mines; ils dirigent ou surveillent les travaux de captage des eaux minérales jusqu'à l'exploitation. Ils exercent également une surveillance sur les carrières souterraines; ils inspectent les appareils à vapeur; ils contrôlent l'exploitation des chemins de fer. Ils dressent les statistiques relatives à l'industrie minérale, à l'exploitation des combustibles minéraux, à la mise en œuvre des minerais métalliques, etc. Ils analysent les minerais, les engrais minéraux, les échantillons de sols et d'eaux qui leur sont présentés, et éclairent ainsi les exploitants et les agriculteurs sur la valeur de ces substances et la meilleure manière d'en tirer parti. Ils dressent la topographie des bassins houilliers et la carte topographique des départements ou des arrondissements pour lesquels ce travail n'est pas encore fait. Explorations géologiques et publication des cartes sont aujourd'hui centralisées sous une direction unique, par le service central de la carte géologique détaillée de la France, qui fait appel au concours des ingénieurs des mines et des géologues résidant en province.

Outre leurs fonctions officielles, les ingénieurs des mines font le plus souvent partie des conseils des bâtiments civils, d'hygiène et de salubrité des villes où ils sont en résidence, et peuvent ainsi se rendre utiles.

Néanmoins, il faut reconnaître que la carrière ouverte aux ingénieurs des mines ne répond pas toujours à l'étendue de leurs connaissances, ni aux services qu'ils sont capables de rendre. Aussi beaucoup joignent-ils des travaux particuliers à l'exercice de leurs fonctions administratives ; tantôt ils font des travaux purement scientifiques, et plusieurs ont ainsi mérité d'être appelés à l'Académie des Sciences ; ils sont désignés comme experts dans les affaires litigieuses relatives à l'industrie. Plusieurs aussi obtiennent des congés pour pouvoir occuper, dans l'industrie privée, soit pendant quelques années, soit même pendant tout le reste de leur carrière, des positions importantes beaucoup plus lucratives que celles qu'ils pourraient obtenir au service de l'Etat. Plusieurs d'entre eux sont directeurs de grandes exploitations minières ou d'usines métallurgiques, ou occupent les premiers postes dans de grandes compagnies de chemin de fer. Sans doute, ils se rendent encore utiles à leur pays en appliquant leur savoir et leurs efforts aux branches d'industrie où ils sont entrés ; mais il n'en est pas moins regrettable de penser que l'Etat n'utilise pas, aussi bien qu'il le pourrait, ces serviteurs d'élite.

Recrutement

Les conditions de traitement du corps des ingénieurs des Mines sont les mêmes que pour les ingénieurs des Ponts et Chaussées.

Les ingénieurs des Mines sont recrutés exclusivement parmi les anciens élèves de l'Ecole polytechnique admis à suivre en qualité d'élèves ingénieurs les cours de l'Ecole supérieure des Mines.

FIN

Table des Matières

INTRODUCTION

Pages

PREMIÈRE PARTIE

Carrières accessibles aux Jeunes Gens pourvus d'une instruction primaire élémentaire

DEUXIÈME PARTIE

Emplois administratifs accessibles aux Jeunes Gens non diplômés, possédant une instruction primaire supérieure ou secondaire :

TROISIÈME PARTIE

Carrières administratives ouvertes aux bacheliers :

Page

QUATRIÈME PARTIE

CARRIÈRES ACCESSIBLES APRÈS DES ÉTUDES SUPÉRIEURES OU SPÉCIALES :

1° Carrières de l'Enseignement

2° Carrières diplomatiques

5° Carrières coloniales

6° Carrières des Finances

7° Carrières de la Magistrature

8° Carrières des Travaux publics

ÉTAMPES ET PARIS. — IMP. « LA SEMEUSE »

www.ingramcontent.com/pod-product-compliance
Ingram Content Group UK Ltd.
Pitfield, Milton Keynes, MK11 3LW, UK
UKHW020438200726
13857UKWH00002B/480